संचार माध्यम लेखन

संचार माध्यम लेखन

गौरीशंकर रैणा

वाणी प्रकाशन

वाणी प्रकाशन

4695, 21-ए, दरियागंज, नयी दिल्ली 110 002

फ़ोन : +91 11 23273167 फ़ैक्स : +91 11 23275710

शाखाएँ

अशोक राजपथ, पटना 800 004, बिहार

कॉफ़ी हाउस कैम्पस, महात्मा गांधी मार्ग, इलाहाबाद 211 001, उत्तर प्रदेश

महात्मा गांधी अन्तरराष्ट्रीय हिन्दी विश्वविद्यालय, वर्धा 442 001, महाराष्ट्र

www.vaniprakashan.com
marketing@vaniprakashan.in
sales@vaniprakashan.in

Sanchar Madhyam Lekhan
by Gourishankar Raina

ISBN : 978-81-8143-590-3
Media

संस्करण 2006, 2009
तृतीय संस्करण 2022

मूल्य : ₹ 325

आर.के. ऑफ़सेट, शाहदरा, दिल्ली-110 032 में मुद्रित

वाणी प्रकाशन का लोगो मक़बूल फ़िदा हुसेन की कूची से

भूमिका

संप्रेषण का एक बुनियादी तत्त्व है—शब्द। प्रिंट तथा रेडियो संचार, शब्द पर आधारित हैं। जब फ़िल्म आई तो उसने शब्दों के साथ-साथ प्रतीकों का इस्तेमाल किया। उसमें यथार्थ और मॉनताज का समावेश हुआ। टेलीविजन ने भी शब्द को विज़ुअल-टेक्स्ट में समाविष्ट किया। इस प्रकार विचार और चिंतन की अभिव्यक्ति होती रही है। किंतु संचार-भाषा की तात्कालिकता इसे लेखन के अन्य रूपों से अलग करती है।

विभिन्न माध्यमों में इसके रूप को समझना न केवल मीडिया को समझने की क्षमता बढ़ाता है बल्कि इलेक्ट्रॉनिक माध्यम से विचारों के संप्रेषण के लिए यह भी ज़रूरी हो जाता है कि संचार-भाषा माध्यम के अनुरूप हो। रेडियो-नाटक की भाषा टेलीविजन-नाटक की भाषा से अलग है। इसी प्रकार विज्ञापन की और समाचारों की भाषा भी अलग-अलग है। रेडियो-नाटक संवादों द्वारा श्रोताओं की चेतना को प्रभावित करता है तो टेलीविजन-नाटक दृश्य-भाषा द्वारा दर्शक को मोहित करता है। संचार माध्यमों के नाटकों में प्रस्तुति की नई तकनीक विकसित हुई है। रेडियो-नाटक में जहाँ कथा मुख्य हो गई वहीं टेलीविजन-नाटक में कार्य-व्यापार सर्वाधिक महत्त्वपूर्ण हो गया है।

टेलीविजन के यथार्थवादी एकल-नाटकों का जब बीसवीं सदी के उत्तरार्द्ध में विकास हुआ तो उनमें एक नई दृष्टि नज़र आने लगी। प्लेहाउस, ओमनीबस, बंद गली का आखिरी मकान तथा माधवी जैसे नाटक रूप-शैली के नए नमूने लेकर प्रस्तुत हुए। किंतु सैटलाइट चैनलों के विस्तार के साथ ही नए व्यावसायिक नाटक ने जन्म लिया जिसमें गहराई की कमी थी। लेकिन उसके बावजूद प्रतिष्ठित नाटककारों ने उत्कृष्ट रचनाओं को सामने रखा। मनोहर श्याम जोशी, कमलेश्वर तथा रेवती सरन शर्मा जैसे लेखकों ने ऐसी पटकथाएँ लिखीं जो टेलीविजन के अनुकूल थीं।

मीडिया अपने उद्‌भवकाल से ही महत्त्वपूर्ण भूमिका निभाता रहा है। सन्

1820 से 1880 के बीच कई पत्र-पत्रिकाएँ प्रकाशित हुईं। इन्होंने जीवन के अनुभवों और नए विचारों को वाणी दी। प्रथम विश्व युद्ध के कारण समाचार पत्र एक नई सामाजिक प्रक्रिया का हिस्सा बन गया और समाचारों को पढ़ना एक खास जरूरत बन गई। प्रथम विश्व युद्ध के बाद समाचार-पत्र, रेडियो, सिनेमा और किताबें तथा दूसरे विश्वयुद्ध के बाद टेलीविजन संचार माध्यमों के रूप में विकसित होकर सामने आए। इन विकसित रूपों का एक नया ढाँचा तैयार होने लगा तथा श्रोता, दर्शक और पाठक अपने-अपने सांस्कृतिक परिवेश के आधार पर सूचनाओं का अर्थ ग्रहण करने लगे। संचार की इस प्रक्रिया में फीचर, रिपोर्ट, वार्ता, डॉक्यूमेंटरी तथा नाट्य लेखन की भाषा विकसित हुई। इसलिए संचार माध्यम लेखन की बुनियादी बातें जानना, मीडिया को समझने में मददगार साबित हो सकती हैं।

प्रस्तुत पुस्तक में जहाँ लेखन के स्वरूप, इतिहास, रेडियो नाटक-प्रविधि तथा टी.वी. नाटक तकनीक का विश्लेषण हुआ है वहीं साहित्यिक विधाओं की दृश्य-श्रव्य रूपांतरण कला व इलेक्ट्रॉनिक मीडिया द्वारा प्रसारित समाचारों के संकलन-संपादन और प्रस्तुतीकरण की प्रविधि के बारे में लिखा गया है। अंतिम अध्याय, संचार माध्यमों द्वारा प्रसारित विज्ञापनों की भाषा को परिभाषित करता है।

समकालीन मीडिया 'ग्लोबल' हो गया है। मेटा-लैंग्वेज, मास लैंग्वेज का हिस्सा बनने लगी है। मास कल्चर मनोरंजन प्रदान कर रहा है तो साथ ही अनुक्रियाएँ भी सम्मिलित होकर प्रस्तुत हो रही हैं। सूचनाओं के साथ-साथ धारणाओं का संप्रेषण हो रहा है। स्वतंत्र मीडिया, समाज की बुनियाद मजबूत करने में सहायक बन रहा है, और जैसे-जैसे संचार माध्यमों की सीमाएँ बढ़ रही हैं वैसे-वैसे सूचनाओं के लिए माँग भी बढ़ती जा रही है। आज, मीडिया की विषय-वस्तु विश्लेषणात्मक और बहुस्तरीय हो गई है। मीडिया का नया युग जीवंत और उत्साहपूर्ण है। नए विचार, हर दिन, हर सप्ताह प्रसारित हो रहे हैं। मीडिया का अचानक तीव्र विस्तार, इसको, इसकी कार्य-शैली, तथा प्रविधि को समझने के लिए विवश करता है।

मीडिया के सफ़र में हमसफ़र अपने मित्रों तथा 'वाणी प्रकाशन' के प्रति आभार व्यक्त करता हूँ।

—गौरीशंकर रैणा

अनुक्रम

संचार
माध्यम
लेखन

माध्यमोपयोगी लेखन का स्वरूप और प्रमुख प्रकार

भारत में श्रव्य माध्यमों से संबंधित लेखन का प्रारंभ यों तो सन् 1927[1] ई. में हुआ जब 'इंडियन ब्रॉडकॉस्टिंग कंपनी लिमिटेड' द्वारा बंबई से प्रसारण शुरू हुआ। किंतु इसका स्वरूप 1940 तक आते-आते निर्धारित हुआ। माध्यम की तकनीक और रचनात्मक पक्ष को ध्यान में रखते हुए नियमित आलेख 1936[2] से लिखे जाने लगे। उपेंद्रनाथ 'अश्क', सआदत हसन मंटो, कृष्णचंद्र तथा राजेंद्र सिंह बेदी जैसे लेखक इस नए माध्यम से जुड़ गए थे। वे साहित्यिक भाषा को बोलचाल की भाषा में परिवर्तित कर रेडियो-फीचर, रेडियो-नाटक, रेडियो-वार्ता व रूपक लिखने लगे थे।

बी.बी.सी. ने रेडियो-प्रसारण सन् 1922 ई. में प्रारंभ किया था। वास्तविक जीवन और काल्पनिक घटनाओं पर आधारित कार्यक्रम बनने लगे थे और रेडियो-नाटक अस्तित्व में आया। बी.बी.सी. का पहला नाटक 15 जनवरी[3] 1924 को प्रसारित हुआ। नववर्ष पर विशेष कार्यक्रम तैयार किए जाने लगे जो रेडियो-फीचर कहलाए। इस प्रकार माध्यम की सीमाओं को पहचानते हुए (जो दृश्य से वंचित था) आलेखों के लिखे जाने की शुरुआत हुई। ये आलेख किसी पत्र-पत्रिका में प्रकाशित होने के लिए नहीं बल्कि श्रोताओं को सुनाने के लिए लिखे जाते। अतः यह नया साहित्य 'स्पोकन वर्ड' (बोलचाल की भाषा) में लिखा जाने लगा। यह साहित्य का एक ऐसा रूप था जो रेडियो के आविष्कार से पहले नहीं था।

'इंडियन स्टेट ब्रॉडकॉस्टिंग सर्विस' के अंतर्गत बी.बी.सी. के श्री लियोनल फील्डेन को रेडियो का, 1935 में नियंत्रक नियुक्त किया गया। कुछ ही महीनों बाद दिल्ली स्टेशन की स्थापना हुई[4] और 19 जनवरी 1936 को पहला समाचार बुलेटिन प्रसारित हुआ। यानी समाचारों को पढ़कर सुनाए जाने का सिलसिला शुरू हुआ। ये समाचार शिक्षित-अशिक्षित, धनी-निर्धन सभी के लिए प्रसारित होने लगे थे। इनकी भाषा मुद्रित माध्यम की भाषा से अलग थी।

मुद्रित लेख में प्रकाशित कृति को पाठक अपनी सुविधा के अनुसार पढ़ने को

स्वतंत्र रहता है और लेखक से उसका कोई संबंध नहीं स्थापित होता। परंतु रेडियो में वार्ताकार अथवा वाचक श्रोता से सीधा संपर्क स्थापित करता है। मुद्रण की 'प्राइमेसी ऑफ टेक्स्ट', रेडियो में 'मूल पाठ' के रचयिता के साथ सीधा संपर्क भी करवाती है। प्रस्तुत रचना के साथ प्रस्तुत करने वाले का ढंग उस कृति को महत्त्वपूर्ण बनाता है। श्रव्यता के कारण उच्चरित शब्द प्रधान बन जाता है।

पत्रिका अथवा पत्र में जो संदेश मुद्रित होता है वह पढ़कर समझने के लिए होता है जबकि रेडियो से प्रसारित सूचना केवल एक बार में सुनने के लिए होती है। इसलिए यह ज़रूरी हो जाता है कि रेडियो पर सुनाए जाने वाला संदेश, वार्ता, समाचार आदि सीधे सरल शब्दों में लिखा हो। लेखन शैली ऐसी कि बात सुगमता से समझ में आ जाए। इसलिए वाक्यों की संरचना और शब्दों का चुनाव ऐसा होता है जो श्रोताओं को बाँधे रखता है। वाक्य छोटे-छोटे होते हैं। शब्द सरल होते हैं। व्यक्तियों और स्थानों के नामों का इस प्रकार प्रयोग होता है कि ऐसी सूचनाएँ मात्र एक बार सुनने से संप्रेषित हो जाती हैं।

दस मिनट की वार्ता में करीब 1400 शब्द होते हैं और उन शब्दों का चयन ध्यानपूर्वक किया जाता है। चयनित शब्दों को बार-बार दोहराया नहीं जाता क्योंकि ऐसा प्रसारण श्रोता को अप्रिय लगता है। अतः लेखन सामग्री जो आकाशवाणी के विभिन्न केंद्रों पर उपलब्ध कराई जाती है, वह यह ध्यान में रखकर प्रस्तुत होती है कि–

(क) रेडियो 'स्पोकन वर्ड' बोलचाल की भाषा का माध्यम है।
(ख) इसकी लेखन व प्रसारण शैली बातचीत वाली होती है।
(ग) भाषा सरल होती है, वाक्य छोटे-छोटे होते हैं। शब्द ऐसे होते हैं जो सामान्य श्रोता आसानी से समझ सकें।

आकाशवाणी के 213 प्रसारण केंद्रों से प्रतिदिन बहुत बड़ी संख्या में नाटक, वार्ताएँ, फीचर, रेडियो-रिपोर्ट तथा समाचार[5] इन्हीं बातों को ध्यान में रखकर प्रसारित होते हैं। न केवल वार्ताएँ अपितु रेडियो-उद्‌घोषणाएँ भी नए ढंग, नई शैली में प्रस्तुत होने लगी हैं जो जीवंतता से भरपूर होती हैं। ये न केवल कार्यक्रमों की सूचनाएँ देती हैं, बल्कि श्रोताओं के मन में कौतूहल और जिज्ञासा उत्पन्न करती हैं। आज एफ.एम. चैनलों के उद्‌घोषक सूचनाएँ देते हैं, समाचार पढ़ते हैं, लतीफे सुनाते हैं और पूरे कार्यक्रम का संचालन करते हैं। 'एफ.एम.गोल्ड' हो या 'रेडियो मिर्ची' इन पर आने वाले उद्‌घोषक अपने खास अंदाज के कारण श्रोताओं के मन में कौतूहल और जिज्ञासा उत्पन्न करने में सफल रहे हैं। एक जमाने में देवकीनंदन पाण्डे और अमीन सयानी अपने सर्वथा अलग अंदाज के कारण अत्यंत लोकप्रिय थे। परंतु आज माध्यम की चुनौतियों को स्वीकार करते हुए नए उद्‌घोषक अपने आलेखों द्वारा वर्तमान का बोध कराते हैं।

उद्घोषक, लेखक, वाचक एवं वार्ताकार रेडियो के विभिन्न श्रोताओं को ध्यान में रखकर ही आलेख तैयार करते हैं। ये श्रोता अर्द्धशिक्षित, अशिक्षित, शिक्षित, बालक-बालिकाएँ, किशोर, प्रौढ़, वृद्ध, कृषक, महिलाएँ, अध्यापक, अधिकारी, छात्र-छात्राएँ तथा सामान्य वर्ग से होते हैं। इनकी आयु, पेशे और शिक्षा के आधार पर कई विधाओं में लेखन होता है। यथा—

(1) वार्ता लेखन
(2) समाचार लेखन
(3) नाट्य लेखन
(4) फीचर लेखन
(5) रेडियो-रिपोर्ट लेखन
(6) रेडियो-डॉक्यूमेंटरी लेखन
(7) खेल-समाचार लेखन
(8) पत्रिका लेखन
(9) प्रश्नोत्तरी लेखन
(10) विज्ञापन लेखन

इसके अतिरिक्त सजीव-कॉमेंट्री (आँखों देखा हाल) द्वारा भी श्रोताओं को महत्त्वपूर्ण घटनाओं का विवरण दिया जाता है। इसके लिए पहले से किसी आलेख को तैयार करने के बजाय उद्घोषक जैसा देखता है, वैसा ही सुनाता जाता है। किंतु उस घटना से संबंधित सभी तथ्य कॉमेंटेटर ने आँखों देखे वर्णन से पहले एकत्र किए होते हैं। कई राष्ट्रीय महत्त्व के उत्सवों आदि के लिए तो पूरी की पूरी कॉमेंट्री पहले से लिखी जाती है और वास्तविक समारोह के समय परिस्थिति अनुसार पूर्वलिखित आलेख में फेरबदल किया जाता है। ऐसी कॉमेंट्री के लिए प्रायः विशेषज्ञ ही बुलाए जाते हैं। जैसे खेल के आँखों देखे वर्णन के लिए वही आते हैं जिन्हें खेल का ज्ञान हो।

रेडियो लेखन स्पष्ट और प्रत्यक्ष होता है। इसमें लेखक का दृष्टिकोण साफ झलकता है। यही कारण है कि रेडियो-आलेख में आँकड़े कम और वक्ताओं के अनुभव अधिक होते हैं। तथ्य प्रामाणिक होते हैं। श्रोताओं को सक्रिय करने के लिए आलेख रोचक एवं प्रभावोत्पादक होते हैं।

आज जब सैटलाइट-रेडियो का आगमन हुआ है तो सामूहिक प्रेषणीयता के इस माध्यम द्वारा शब्दों के उच्चरित रूप, भाव और विचार को सजीवता प्रदान हो रही है। हम उद्घोषक अथवा वार्ताकार को तो देख नहीं पाते। मगर उसके स्वर, उच्चारण का प्रवाह हमारे मानस पर चित्रों का निर्माण करते हैं।

लिखित भाषा में कभी-कभी भावों को प्रकट करने की अक्षमता के कारण संकटपूर्ण स्थिति सामने आती है किंतु भाषित शब्दों की शक्ति अपरिमित है। इस

प्रकार शब्दों की शक्ति का प्रयोग कर रेडियो-आलेख लिखे जाते हैं जिनके द्वारा पर्याप्त रोचक सामग्री प्रस्तुत की जाती है। इस स्वरूप की विशेषता है सरलता और स्वाभाविकता।

दृश्य-आलेख

भारत में, टेलीविजन की स्थापना 15 सितंबर 1959[6] को आकाशवाणी के एक नए विभाग के रूप में हुई। दिल्ली में इस नई सेवा द्वारा एक सप्ताह में केवल एक घंटे का प्रसारण होता था। जिसका उद्देश्य सामाजिक शिक्षा और मनोरंजन था।

टेलीविजन को भी अपने लिए नए प्रकार के मुहावरे और भाषा-शैली की तलाश करनी पड़ी जिसके द्वारा संदेश का संप्रेषण संभव हो। रेडियो पर वक्ता दिखते नहीं हैं मगर टेलीविजन पर विशेषज्ञ, समाचार-वाचक तथा उद्घोषक सभी दिखाई देते हैं। इसलिए यहाँ ऐसे प्रतिभा-संपन्न व्यक्तियों की आवश्यकता थी जो लेखन कला में माहिर होने के साथ-साथ दर्शकों को अपनी ओर आकर्षित करने की क्षमता भी रखते हों।

प्रारंभिक काल में जब 'एंकर' नहीं उद्घोषक होते थे, वे स्वयं ही अपना आलेख लिखते थे। कार्यक्रम-अधिकारी प्रसारण से पूर्व उन आलेखों में सुधार करते थे। वे आलेख दर्शकों से सीधे बात करने की शैली में लिखे जाते। आज भी इसी शैली में लेखन होता है। हालाँकि आज सभी 'एंकर' अपना आलेख स्वयं नहीं लिखते मगर फिर भी कुछेक की स्क्रिप्ट वे स्वयं लिख लेते हैं। आमतौर पर दूरदर्शन तथा अन्य सभी चैनलों में आलेख-लेखन अलग से ही होता है। इन आलेखों में कैमरा निर्देश दिए होते हैं। समाचार-आलेख में वाचक के रुकने, समाचार से संबंधित फिल्म/वीडियो के चलने आदि के निर्देश भी होते हैं। लेकिन विशेष प्रकार के आलेखों व पटकथाओं आदि के लिए लेखकों को अनुबंधित किया जाता है। वृत्तचित्र, फीचर, नाटक आदि इन ही लेखकों द्वारा लिखे जाते हैं।

रेडियो ध्वनि माध्यम है किंतु टेलीविजन दृश्य माध्यम है इसलिए शब्द-रहित-संप्रेषण (Non Verbal Communication) भी इसमें समाहित है। नाटकों, फीचरों आदि में यह 'मीजा सेन' (Mise-en-scene) अथवा दृश्यात्मकता द्वारा प्रकट होता है। इस दृश्यात्मकता का विवरण, नाटकों, फीचरों, पटकथाओं तथा वृत्तचित्रों के आलेखों में अंकित होता है। इस प्रकार जहाँ श्रव्य माध्यम रेडियो में उच्चरित शब्द 'स्पोकन वर्ड' की प्रधानता रहती है। वहीं टेलीविजन पर दृश्यात्मकता प्रधान हो जाती है।

टेलीविजन के आलेखों में 'मूल पाठ' और संवादों के साथ-साथ दृश्यों के मंचन, संगीत व ध्वनि प्रभावों आदि का पूरा विवरण दिया जाता है। इसी विवरण के आधार पर छायाकार, निर्देशक, कला-निर्देशक तथा सभी तकनीशियन दृश्य निर्माण की तैयारी में जुट जाते हैं। कई आलेखों में कैमरे के कोण से दृश्य को देखने की स्थिति, कैमरे

की गति, पात्रों अथवा वक्ता के स्थान आदि का भी पूरा-पूरा विवरण दर्ज होता है। अतः टेलीविजन आलेख में कई उल्लेख होते हैं। यथा–

(क) विषय-वस्तु की सूचना
(ख) कार्यक्रम का रूप और रूपरेखा
(ग) मूल-पाठ अथवा संवाद
(घ) ध्वनि, ध्वनि प्रभावों, विशेष प्रभावों के संकेत
(ङ) प्रस्तुति के संचालन हेतु टीम के लिए सभी सूचनाएँ

टेलीविजन की इंद्रियजनित अनुभूति विषय-वस्तु का परिचय देने के साथ ही भावुकता प्रदान कराने वाली होती है। इसलिए प्रस्तुति ब्यौरे देने के बजाय प्रभाव पैदा करती है और दृष्टिकोण को समझने में मदद करती है। आलेख एक तर्कयुक्त क्रम में पेश होता है। डिस्कवरी के वृत्तचित्र हों या हिस्ट्री चैनल पर प्रस्तुत होने वाली जीवनियाँ, घटनाएँ एक क्रम में सामने आती हैं। कार्यक्रम का संदेश और सार तत्त्व निश्चितता के साथ प्रकट होता है।

नाटकों व धारावाहिकों में पात्र, कथानक, घटना तथा संवाद पर आधारित आलेख की परिकल्पना होती है। ऐसी रचनाओं में अक्सर असाधारण चरित्र प्रस्तुत होते हैं। चरित्रों की व्यापकता ही नाटक को शक्तिशाली बनाती है। इन कृतियों में मानवीय प्रेक्षण होता है। ऐसी यथार्थोन्मुख रचनाओं का स्वरूप ऐसा होता है कि दर्शक नाटक को वास्तविकता से अभिन्न नहीं मान लेता। इस प्रकार टेलीविजन के लिए कई प्रकार के आलेख लिखे जाते हैं तथा विभिन्न विधाओं में लेखन होता है। यथा–

(1) समाचार लेखन
(2) नाट्य लेखन
(3) टेलीफिल्म लेखन
(4) वृत्तचित्र लेखन
(5) विज्ञापन लेखन
(6) प्रश्नोत्तरी लेखन[7]
(7) साक्षात्कार लेखन
(8) नाटकीकृत वृत्तचित्र[8]

इसके अतिरिक्त टेलीविजन के लिए आंशिक-आलेख भी तैयार किए जाते हैं जो एंकर, संचालक, छायाकार तथा तकनीशियनों को कार्यक्रम के ढाँचे, विशेषज्ञों से पूछे जाने वाले संभावित प्रश्नों आदि की सूचना प्रदान करता है। ऐसे आलेख में एंकर द्वारा बोले जाने वाली प्रारंभिक एवं समापन उद्घोषणाएँ भी समाहित होती हैं।

अतः लेखक की प्रतिभा, जिम्मेदारी और विभिन्न विधाओं की समझ के साथ

दृश्य-श्रव्य माध्यमों के लिए नए मौलिक व प्रेरणादायक आलेख तैयार होते हैं।

संदर्भ

1. इंडियन ब्रॉडकॉस्टिंग कंपनी के बंबई केंद्र का उद्‌घाटन 23-7-1927 को लॉर्ड इर्विन द्वारा हुआ तथा प्रसारण बंबई के रेडियो हाउस से प्रारंभ हुआ।
2. 1-1-1936 को दिल्ली रेडियो की स्थापना हुई।
3. पहला रेडियो नाटक रिचर्ड ह्यूजेज ने लिखा था—'ए कॉमेडी ऑफ डेंजर'।
4. इंडियन स्टेट ब्रॉडकॉस्टिंग को 1-8-1937 को 'आल इंडिया रेडियो' का नाम दिया गया।
5. आकाशवाणी से प्रतिदिन 81 भाषाओं/प्रादेशिक भाषाओं में 362 समाचार बुलेटिन प्रसारित होते हैं।
6. टेलीविजन प्रसारण सेवा का उद्‌घाटन भारत के राष्ट्रपति, डॉ. राजेंद्र प्रसाद ने किया था।
7. दूरदर्शन से प्रसारित प्रश्नोत्तरी कार्यक्रम 'प्रश्न मंच' अत्यंत लोकप्रिय रहा है। व्यावसायिक चैनल पर आजकल 'कौन बनेगा करोड़पति' प्रसारित हो रहा है।
8. इस विधा में दूरदर्शन द्वारा निर्मित 'भारत एक खोज' अब तक का सबसे अच्छा नाटकीकृत वृत्तचित्र माना गया है।

हिंदी माध्यम लेखन–संक्षिप्त इतिहास

भारत में रेडियो और टेलीविजन के आने से बहुत पहले हिंदी पत्रकारिता का उद्भव हुआ था। पं. युगलकिशोर शुक्ल ने 30 मई 1826 ई. को 'उदंत मार्तण्ड' पत्र का संपादन प्रारंभ किया था। कलकत्ता से प्रकाशित होने वाले इस पत्र के वे स्वयं प्रकाशक भी थे। इससे भी पहले सन् 1641 ई. में बनारसीदास जैन द्वारा लिखित आत्मकथा 'अर्द्धकथा' प्रकाश में आई थी। 1815 ई. में राजा राममोहन राय ने वेदांत सूत्र का हिंदी अनुवाद प्रकाशित करवाया था। सन् 1837 ई. में पं. श्रद्धाराम फुलेरी ने 'भाग्यवती' नामक हिंदी उपन्यास लिखा किंतु नाटक व गद्य विधाओं को समृद्ध किया भारतेंदु हरिश्चंद्र ने। 'भारतेंदु बाबू के समान ऐसा कृतिकार नहीं जन्मा जिसने नाटक की इतनी विविध विधाओं में लिखा हो और समान सफलता प्राप्त की हो। अपने समय के नाट्यकला संबंधी सभी अंगों का मनन एवं चिंतन करके उन्होंने सृजन किया, सृष्टि पर विवेचना की, भावी नाटककारों को संकेत दिए तथा कला और विचार, सौंदर्य और प्रचार, भाषा और भाव सभी पक्षों में चाँर चाँद लगा दिए। इस प्रकार इन सभी गुणों के आधायक, लेखक, आलोचक, अभिनेता, अनुवादक सभी को अकेले वहन करके हिंदी का भारी उपकार किया।'[1] हिंदी साहित्य में आधुनिक युग के वे प्रवर्तक रहे हैं। 1868 ई. में उन्होंने बांग्ला से विद्यासुंदर नाटक का हिंदी में अनुवाद किया। उसके बाद कई संस्कृत नाटकों का अनुवाद किया और साथ ही मौलिक नाटक भी लिखे जैसे—चंद्रावली, भारत-दुर्दशा, नीलदेवी, प्रेम जोगनी, सती प्रताप, अंधेर नगरी आदि।

1820 और 1830 के बीच पश्चिम में हुई औद्योगिक क्रांति का प्रभाव यह हुआ कि भारत में छापाखानों की संख्या बढ़ी। समाचार-पत्रों और पत्रिकाओं की संख्या में वृद्धि हुई। आचार्य महावीर प्रसाद द्विवेदी ने 1903 ई. में 'सरस्वती'* पत्रिका

* 'सरस्वती' में ही मैथिलीशरण गुप्त जी की रचनाएँ 1906 से छपनी प्रारंभ हुई थीं और पं. रामचंद्र शुक्ल का निबंध साहित्य 1904 ई. में प्रकाशित हुआ था।

का संपादन शुरू किया। इस प्रकार रोचक एवं पठनीय निबंध लिखे जाने लगे। इन निबंधों को द्विवेदी जी के अतिरिक्त पं. चंद्रधर शर्मा गुलेरी (1883-1920 ई.), बाबू श्यामसुंदर दास (1875-1945 ई.), बाबू बालमुकुंद गुप्त (1865-1907 ई.) तथा अध्यापक पूर्णसिंह (1881-1931 ई.) लिखने लगे थे।

कथा साहित्य भी लोकप्रिय होने लगा था। देवकीनंदन खत्री का उपन्यास 'चंद्रकांता'* 1891 ई. में प्रकाशित हुआ। हालाँकि लाला श्रीनिवास दास का उपन्यास 'परीक्षा गुरु' 1882 में ही लिखा गया था मगर उस कृति को चंद्रकांता जैसी लोकप्रियता प्राप्त नहीं हुई। उन दिनों बांग्ला उपन्यासों के हिंदी अनुवाद भी प्रकाशित होने लगे थे। शरतचन्द्र के अनुवाद विशेष लोकप्रिय थे। किंतु कथा साहित्य में क्रांति तब आई जब प्रेमचंद का सेवासदन 1918 ई. में प्रकाशित हुआ। उसके बाद प्रेमआश्रम, रंगभूमि, कायाकल्प, निर्मला, ग़बन, कर्मभूमि तथा गोदान प्रकाशित हुए। न केवल उपन्यास उनकी कहानियाँ भी बेजोड़ थीं। पंच-परमेश्वर 1916 में प्रकाशित हुई थी।

उधर मूक फिल्मों के अन्वेषक धूंधीराज गोविंद फाल्के (दादा साहब फाल्के) 1912 में इंग्लैंड से चलचित्र कैमरा लेकर भारत लौटे थे। वे 'राजा हरिश्चंद्र' नाम का मूक कथाचित्र बनाने में सफल हुए। 3700 फुट लंबी उस फिल्म को 1913 में बंबई के कॉरोनेशन सिनेमा घर में प्रदर्शित किया गया। 1920 के आस-पास कलकत्ता में फिल्में बननी प्रारंभ हो गईं। वहाँ धीरेन्द्रनाथ गांगुली ने 'इंग्लैंड रिटर्न्ड' बनाई जिसका प्रदर्शन 1921 में हुआ।

रंगमंच नाटकों के लिए भारतेंदु हरिश्चंद्र ने जिस परंपरा का सूत्रपात किया था उसका प्रभाव यह हुआ कि कई नाट्य मंडलियाँ स्थापित हो गईं। ओरिजिनल थियेट्रिकल कंपनी (सन् 1870 और 75 के बीच), अल्फ्रेड थियेट्रिकल कंपनी (सन् 1880 के आसपास) तथा विक्टोरिया थियेट्रिकल कंपनी (सन् 1877 और 80 के बीच) स्थापित हो चुकी थीं। यह सभी व्यावसायिक नाट्य कंपनियाँ थीं। इसके अतिरिक्त प्रमुख अव्यावसायिक नाट्य-दल 'हिंदी नाट्य समिति', 'भारतेंदु नाट्य मंडली' तथा 'काशी नाटक मंडली' व अन्य छोटे ग्रुप नाटकों का अभिनय करने लगे थे। भारतेंदु हरिश्चंद्र के बाद जब मौलिक नाटकों का अभाव होने लगा तो अंग्रेजी, बांग्ला व संस्कृत नाटकों के अनुवाद खेले जाने लगे। कुछ वर्षों तक हेमलेट, रोमियो जुलियट, मैकबेथ, मृच्छकटिक, मालती माधव जैसे नाटक मंचित होते रहे। तब फिर राधेश्याम कथावाचक, किशनचंद ज़ेबा तथा बेताब नए नाटक लिखने लगे और वे लोकप्रिय हुए। कुछ नाटक पारसी थियेट्रिकल कंपनियाँ तो कुछ अव्यावसायिक नाट्य

---

* 'चंद्रकांता' पर आधारित धारावाहिक दूरदर्शन से 1994 में प्रसारित हुआ था और इस उपन्यास की पटकथा/संवाद वरिष्ठ कथाकार कमलेश्वर ने लिखे थे।

दल मंचित करते रहे। बेताब का 'महाभारत' (1913), राधेश्याम कथावाचक के 'परिवर्तन' (1916), 'परम भक्त प्रह्लाद' (1917) तथा 'श्रीकृष्ण अवतार' (1918), किशनचन्द ज़ेबा के नाटक 'गरीब हिंदुस्तान' (1922) और भारत उद्धार (1922-23); अनवर हुसैन आरजू के नाटक 'दुखी भारत' (1925) तथा 'झाँसी की रानी' (1927) रंगमंच पर सफलतापूर्वक खेले जा चुके थे।

ऐसे युग में फिल्मों और पारसी थियेटर के होते जब नया माध्यम रेडियो प्रकट हुआ तो प्रसारण हेतु आलेखों की समस्या आन पड़ी। दिल्ली में रेडियो की स्थापना के बाद प्रारंभिक रेडियो लेखकों व नाटककारों में सआदत हसन मंटो तथा उपेंद्रनाथ 'अश्क' प्रमुख थे। 'मंटो फन के माहिर यानी कलम के धनी थे ही, साथ ही जिसे बहैसियत दोस्त माना, पूरी तरह उसके हो लिए। मंटो हर वक्त नई सोच में डूबे रहते थे। प्रोग्राम से जुड़ा व्यक्ति जब कभी आम से हटकर कोई पायेदार आइडिया उनके सामने लाता तो वे तुरंत आकृष्ट होते थे। उनकी लिखी प्रोग्राम स्क्रिप्टों में हर बार कुछ नया होना तो निश्चित था ही। उनका अंदाज ही कुछ और था।... सिरा मिला नहीं कि टाइपराइटर सँभाल लिया। रमे तो फिर दीन-दुनिया से बेख़बर, जैसे टाइप की खिटपिट में सिमट लिए। टाइपराइटर से निकली आवाज़ उनके लिए जैसे कोई साज़ हो, जिसके सहारे शब्दों का ताना-बाना बुनने में खोये रहते जब तक कि आख़िरी सतर के आखिरी लफ़्ज तक न पहुँच लें। हाथ से उन्हें लिखते या जो एक बार टाइप किया, उसमें तरमीम करते भी कभी नहीं देखा।'[2] उन दिनों रूपक, एकांकी तथा प्रहसन प्रसारित होते जिनकी अवधि 10-15 मिनट की होती थी। रंगमंचीय नाटकों का भी प्रसारण होता।

रेडियो नाटककार, प्रस्तुतकर्ता एवं टेलीविजन के पूर्व-निदेशक श्री गंगाधर शुक्ल ने 1946 से 1959 के बीच करीब 300 रेडियो-प्रोग्रामों के आलेख लिखे। उन्होंने रेडियो में 1942 से कार्य करना आरंभ किया था। उन्हीं दिनों श्री उपेंद्रनाथ 'अश्क' ने रेडियो में एक लेखक के रूप में प्रवेश किया। अपने सहकर्मी के बारे में अपनी पुस्तक 'वक्त गुजरता है' में शुक्ल जी यों बयान करते हैं–''दिल्ली रेडियो स्टेशन पर बिताए आरंभिक समय के सहकर्मियों के साथ तब मिला, जब उन्होंने अपने कार्यक्षेत्र में प्रवेश ही किया था। इनमें से एक थे उपेंद्रनाथ 'अश्क', जो मेरे रेडियो से आने के कुछ दिनों के बाद स्क्रिप्ट राइटर नियुक्त हुए थे। अंडर हिल रोड के बँगला नं. 18 में ऑफिस था। दो मंजिली इमारत थी, पर तीसरी मंजिल पर भी कुछ कमरे-कोठरियाँ और दालान था।...बँगले में जगह की कमी थी और काम करने वाले कुछ ज्यादा थे। इसलिए नए स्क्रिप्ट राइटर 'अश्क' के लिए तिमंजिले पर ही एक कमरे को झाड़-पोंछकर बैठने के काबिल बना दिया गया था। ऊपर पहुँचने के लिए लोहे की घुमावदार सीढ़ियाँ थीं।....'अश्क' की बातचीत साहित्यिक गतिविधि अथवा

नई किताबों को लेकर होती या फिर प्रसारित हुए किसी प्रोग्राम या नाटक पर उनकी टिप्पणी, खास तौर पर यदि वह मंटो का लिखा होता।''[3] बाद में गिरिजाकुमार माथुर तथा इंद्र विद्यावाचस्पति रेडियो से जुड़े थे। मंटो और 'अश्क' के अतिरिक्त मीराजा, नून-मीम, राशिद, मेहंदी अली, एस.सी. चड्ढा तथा मुमताज़ अली ताज[4] पहले से ही रेडियो में आ गए थे और जानी-मानी हस्तियाँ बन गए थे।

आज जब आकाशवाणी का अभिलेखागार महात्मा गाँधी, जवाहरलाल नेहरू, सी.वी. रमण, सरोजिनी नायडू, पं. रविशंकर, बड़े गुलाम अली खान व अन्य महान कलाकारों की दुर्लभ रिकॉर्डिंग और उस समय के नाटक डिजिटल तकनीक द्वारा सी. डी. में परिवर्तित करने में जुटा है तब प्रारंभिक वर्षों के ध्वनिगत शिल्प के ज्ञान को प्राप्त करने के लिए नाटककारों और लेखकों ने कितना परिश्रम किया होगा उसका अंदाज लगाया जा सकता है।

प्रारंभ

पहला हिंदी रेडियो नाटक 1936 ई. में प्रसारित हुआ था। 'रेडियो नाटक के रंगनिर्देश बहुधा एक नैरेटर द्वारा पढ़े या कह दिए जाते थे। प्रवेश, प्रस्थान, अभिवादन, आदि-आदि कार्यकलापों को ध्वनि युक्त क्रिया से व्यक्त किया जाता था। कथानक निर्वाह भी लगभग रंगनाटक के समान ही ढीला, विस्तृत और कभी-कभी अस्तव्यस्त-सा होता था।'[5] ऐसी अवस्था में जब कृष्णचंद्र का नाटक 'बेकारी' कुछ बेहतर ढंग से रचा गया तो श्रोताओं ने उसे सराहा। यह नाटक 1937 में लाहौर रेडियो स्टेशन से प्रसारित हुआ। फिर उपेंद्रनाथ 'अश्क' का ऐतिहासिक नाटक 'जय पराजय' 1937 में ही प्रसारित हुआ। यह भी बहुत पसंद किया गया। 'रेडियो नाटक के विकास के प्रारंभिक काल में एक महत्त्वपूर्ण तथ्य सामने आया जो अब रेडियो नाटक का मूलभूत सिद्धांत है। वह यह कि घटना प्रधान नाटक की अपेक्षा विचार-प्रधान या वातावरण प्रधान नाटक ही रेडियो के लिए अधिक उपयुक्त, अधिक सफल और प्रभावोत्पादक होता है। कारण यह कि अरूप और सूक्ष्म जितनी सफलता से रेडियो द्वारा प्रसारित हो सकता है उतना रूपायत्त और स्थूल नहीं।'[6] रेडियो नाटक अब अधिक रुचिपूर्ण ढंग से लिखे जाने लगे थे। कृष्णचंद्र का लिखा हुआ एक और नाटक 'हजामत' 1938 में प्रसारित हुआ। उपेंद्रनाथ 'अश्क' द्वारा लिखित उच्च शिक्षा और परंपरा के बीच घिरी एक फैशनेबल नारी की कहानी, 1939 में प्रसारित, नाटक 'स्वर्ग की झलक' में प्रस्तुत हुई। परंपरा और फैशन के असंतुलन को इस नाटक में व्यंग्यात्मक ढंग से प्रस्तुत किया गया था। 1940 में दो महत्त्वपूर्ण नाटक आए, कृष्णचंद्र का 'दरवाज़ा' तथा उपेंद्रनाथ 'अश्क' का 'छठा बेटा'।

रेडियो नाटक द्वारा पात्र का व्यक्तित्व प्रस्तुत करने के उद्देश्य से डॉ. रामकुमार

वर्मा ने 1942 में एक नाटक रचा 'औरंगज़ेब की आखिरी रात'। इस ऐतिहासिक नाटक में औरंगज़ेब की मानसिक दशा और व्यक्तित्व को प्रस्तुत किया गया था।

कर्तार सिंह दुग्गल भी उसी दौर में रेडियो के लिए नाटक व रूपक लिखने लगे थे। अपने आरंभिक लेखन पर उनका कथन 'किस पहि खोलऊ गंठडी' में इस प्रकार व्यक्त हुआ है—"मैंने गाता पंजाब नामक एक फीचर का आलेख तैयार किया। इसमें पंजाब के प्रचलित लोकगीतों का वर्णन था। कैसे सुबह जागते ही पंजाबी लोग, गीतों से अपना दिन आरंभ करते हैं। खेतों में हल जोत रहे, बाँध पर बैठे पानी लगा रहे, खेतों की रखवाली कर रहे, उधर घर में चक्की चला रहीं, मथानी से दूध बिलो रहीं, आँगन में कीकली डाल रहीं, चरखा चलाते, टप्पे गा रहीं—पंजाबी औरतें गीतों से मन बहलाती हैं।....लाहौर रेडियो स्टेशन के प्रोग्राम डाइरेक्टर मलिक हसीब अहमद ने सुनाने के लिए मुझे बुला भेजा। जैसे-जैसे मैं मसौदा चढ़ रहा था, वह अपने साथियों को कमरे में बुलाकर सुनने के लिए बैठा रहा था।.....फिल्मों के प्रसिद्ध म्यूजिक डाइरेक्टर गुलाम हैदर को संगीत तैयार करने के लिए आमंत्रित किया गया। पंजाब की शायद ही कोई बढ़िया गायिका होगी, जिसे इस प्रोग्राम में सम्मिलित न किया गया हो। मलिका पुखराज, ईदन बाई, ज़ीनत बेगम, शमशाद बेगम, सुरैया जबीन, तमंचा जान, जोहरा खातून, मुन्नवर सुल्ताना तथा ढेर सारे अन्य गायक, संवाद वाचक आदि।

कई दिनों तक रेडियो स्टेशन पर गहमा-गहमी रही। निर्णय हुआ कि एक घंटे के सारे प्रोग्राम को दिल्ली स्टेशन भी, टेलीफोन की लाइनों पर रिले करेगा। इधर लाहौर में प्रोग्राम हो रहा होगा। उधर दिल्ली से इसे ब्रॉडकास्ट किया जाएगा।...अमृता प्रीतम जो शायद उस प्रोग्राम में काम कर रही थीं, मेरे पास आईं और कान में कहने लगीं, ऐसे लगता है जैसे तुम्हारी शादी हो रही हो।"[7] 'गाता पंजाब' की सफलता के बाद कर्तार सिंह दुग्गल ने कई रेडियो नाटक लिखे और फिर रेडियो से जुड़कर प्रोग्राम प्रोड्यूसर हो गए।

रेडियो रूपकों के साथ ही ऐतिहासिक नाटक लोकप्रिय होने लगे थे। ऐसे में एक नाटक 'आम्रपाली' प्रसारित हुआ। इसके लेखक थे रामवृक्ष बेनीपुरी। बौद्ध युग की प्रसिद्ध नर्तकी के इर्द-गिर्द घूमता यह नाटक, राजनर्तकी के जीवन और उसके मन में उठ रहे तूफानों को मार्मिकता से प्रस्तुत करने में सफल रहा था।

विष्णु प्रभाकर जी के नाटकों में आदर्श और यथार्थ का समन्वय नज़र आने लगा। वे अपने कथानक का ढाँचा पात्रों के मनोवैज्ञानिक अध्ययन के आधार पर गढ़ने लगे। उनका उल्लेखनीय रेडियो नाटक 'अशोक' मुख्य पात्र के अंतर्द्वंद्व, उसकी मानसिक स्थिति और स्वाभाविक संवादों के साथ उपस्थित हुआ। उनके अधिकांश नाटक चाहे 'युग संधि' हो या 'दरिंदा' चरित्र प्रधान रहे हैं। उन्होंने अपने नाटकों

में स्वगत कथन की तकनीक को भी अपनाया। ''नाटकों की रोचकता प्रारंभ से अंत तक बनी रहती है और एक आकस्मिक मोड़ लेकर नाटक चरम सीमा पर पहुँच जाता है। आपके नाटकों में चरम सीमा के स्थल बड़े ही चमत्कारपूर्ण होते हैं। यह आकस्मिक परिवर्तन अस्वाभाविक इसलिए नहीं लगता क्योंकि इसके लिए मनोवैज्ञानिक पृष्ठभूमि के निर्माण में भी विष्णु प्रभाकर बड़े ही पटु हैं।''

रेडियो नाटक का आविर्भाव ऐसे समय हुआ जब फिल्में बनने लगी थीं। पारसी रंगमंच भी लोकप्रिय था और अंग्रेजी के अनूदित नाटकों का भी मंचन होने लगा था। ऐसे समय जब नए माध्यम के लिए नाट्यालेखों की माँग बढ़ी तो कुछ ही वर्षों में लेखकों व नाटककारों ने रेडियो नाटक की एक नई रूपरेखा तैयार की जो स्वाभाविक संवादों पर आधारित थी।

पुनर्निर्माण

15 अगस्त 1947 के दिन भारत स्वतंत्र हुआ। सेठ गोविंददास तथा चंद्रगुप्त विद्यालंकार द्वारा रचित रूपक 'नवप्रभात' 16 अगस्त को प्रसारित हुआ। राजनीतिक स्वतंत्रता के साथ ही अभिव्यक्ति को नया स्वर मिला। सच्चिदानंद हीरानंद वात्स्यायन 'अज्ञेय' का रूपक 'नान्यः पन्थाः' प्रसारित हुआ। यह रचना, राष्ट्रपिता महात्मा गाँधी की नोआखाली यात्रा पर आधारित थी। युग चेतना के साथ ही भारतीय सांस्कृतिक सम्मान की पुनःस्थापना होने लगी। कालिदास की रचना 'मेघदूत' का रेडियो रूपांतर उदय शंकर भट्ट से कराया गया। 'कामायनी' तथा 'बाणभट्ट की आत्मकथा' के रूपांतर प्रभाकर माचवे द्वारा होकर प्रसारित हुए। विष्णु प्रभाकर का रूपक 'हमारा स्वाधीनता संग्राम' छः भागों में, 1949 से मार्च 1950 तक प्रसारित होता रहा।

प्रारंभिक काल के नाटकों में जहाँ अधिकतर कथानक ऐतिहासिक और पौराणिक होते वहीं अब समाज की आकांक्षाओं का प्रतिनिधित्व करने वाले सक्षम नाटक लिखे जाने लगे। डॉ. सिद्धनाथ कुमार, विनोद रस्तोगी, रेवती सरन शर्मा और चिरंजीत जैसे नाटककार, विविध विषयों को लेकर नए प्रकार के नाटक लेकर आए। सांस्कृतिक चेतना के नाटकों के साथ ही आधुनिक संदर्भ के परिवेश में व्यक्ति को सबल रूप में प्रस्तुत किया जाने लगा। रेडियो-शिल्प की दृष्टि से यह समय महत्त्वपूर्ण था। रेवती सरन शर्मा ने जहाँ यथार्थनिष्ठ सामाजिक नाटक रचे, वहीं डॉ. रामकुमार वर्मा ने 'चारुमित्रा' और 'औरंगज़ेब की आखिरी रात' जैसे ऐतिहासिक नाटक लिखे। रेडियो नाट्य का प्रत्येक रूप 1955 तक आजमाया गया।

नाटकों का अखिल भारतीय कार्यक्रम

15 अगस्त 1956 को नाटकों के अखिल भारतीय कार्यक्रम की शुरुआत हुई। हिंदी

के साथ-साथ अन्य भारतीय भाषाओं के श्रेष्ठ नाटक हिंदी में अनूदित होकर दिल्ली से तथा क्षेत्रीय भाषाओं में अपने-अपने केंद्रों से एक साथ प्रसारित होने लगे। 'दादी अम्मा जागीं', 'तस्वीर उसकी', 'विषाद की छाया' तथा जैनेन्द्र कुमार का 'त्यागपत्र' जैसे नाटक 1969 तक रचे गए। बादल सरकार का रंग-नाटक 'पगला घोड़ा' रूपांतरित होकर 1970 में प्रसारित हुआ।

आधे-अधूरे भी रंगमंच के लिए ही लिखा गया था। लेकिन उसे भी रूपांतरित कर सभी केंद्रों से क्षेत्रीय भाषाओं में प्रसारित किया गया। हिंदी में यह नाटक दिल्ली केंद्र से 1971-72 में प्रसारित हुआ था। विजय तेंदुलकर का मराठी नाटक 'खामोश अदालत जारी है' उन दिनों रंगमंच पर सफल रहा था। इसलिए उस नाटक को भी सत्यदेव दूबे द्वारा हिंदी में अनूदित कर 25-3-1971 को ब्रॉडकास्ट किया गया। अमृता प्रीतम के उपन्यास पर आधारित 'बंद दरवाज़ा' 24-6-1971 को प्रसारित हुआ। इसका अनुवाद एवं रेडियो-रूपांतरण पाल सिंह ने किया था। उन्हीं दिनों सत्यजित राय का बंगला नाटक 'सेप्टोपस की भूख', दीप नारायण मिठौलिया द्वारा अनूदित होकर राष्ट्रीय कार्यक्रम में प्रसारित हुआ। ब.व. कारंत द्वारा गिरीश कर्नाड के कन्नड़ नाटक 'हयवदन' का हिंदी अनुवाद हुआ जो 23-3-1972 को चलाया गया।

सफल रंगमंच नाटकों के रेडियो रूपांतर के साथ ही रेडियो की शैली में रचे गए मूल हिंदी नाटक सफलतापूर्वक प्रसारित हुए, यथा—'दहशत' (मुद्राराक्षस, प्रसारण, 27-1-1972), 'लड़ाई' (सर्वेश्वरदयाल सक्सेना, प्रसारण, 26-10-1972), 'चट्टान से चट्टान तक' (विष्णु प्रभाकर, प्रसारण, 26-12-1974), 'मानस का हंस' (अमृतलाल नागर, 28-3-1974), 'काले सूरज की शवयात्रा' (मुद्राराक्षस, प्रसारण, 24-1-74), 'एक और अजनबी' (मृदुला गर्ग, 27-1-1978), 'हरा समंदर, (डॉ. लक्ष्मीनारायण लाल, 27-9-1979), हानूष (भीष्म साहनी, प्रसारण, 24-8-1980, रेडियो रूपांतर चिरंजीत)।

आठवें दशक के रेडियो नाटकों में व्यक्ति की समसामयिक विवशताओं को दर्शाने के साथ ही अन्याय, अंधविश्वास और पाखंड, स्त्री-पुरुष के पारस्परिक संबंधों, मध्यवर्गीय परिवारों की आर्थिक समस्याओं, भ्रष्टाचार तथा महानगर और ग्रामीण क्षेत्रों की समस्याओं पर आधारित रेडियो नाटक लिखे गए।

नौवें दशक में दूरदर्शन के ट्रांसमीटरों (एल.पी.टी.) की बढ़ोतरी और सेटलाइट चैनलों के आगमन के कारण टी.वी. धारावाहिक लोकप्रिय होने लगे। रेडियो नाटकों के श्रोताओं में कमी आई। इसके बावजूद भी अच्छे रेडियो नाटक प्रस्तुत होते रहे मगर मोनोलॉग, रूपक तथा संगीत नाटकों में कमी आ गई।

उल्लेखनीय रेडियो नाटक, रूपक, मोनोलॉग, पद्यनाटक/संगीत नाटक एवं हास्य नाटक

क्रम संख्या	शीर्षक	लेखक	प्रसारण वर्ष
रेडियो नाटक			
1.	जय पराजय (ऐतिहासिक नाटक)	उपेंद्रनाथ 'अश्क'	1937
2.	बेकारी	कृष्णचंद्र	अक्टूबर 1937 में लाहौर रेडियो स्टेशन से प्रसारित
3.	हजामत	कृष्णचंद्र	1938
4.	स्वर्ग की झलक	उपेंद्रनाथ 'अश्क'	1939
5.	दरवाज़ा	कृष्णचंद्र	1940
6.	छठा बेटा	उपेंद्रनाथ 'अश्क'	1940
7.	औरंगज़ेब की आखिरी रात	डॉ. रामकुमार वर्मा	1942
8.	कहानी कैसे बनी	कर्तार सिंह दुग्गल	—
9.	अम्बपाली (ऐतिहासिक नाटक)	रामवृक्ष बेनीपुरी	—
10.	अशोक	विष्णु प्रभाकर	—
11.	अंधी गली	उपेंद्रनाथ 'अश्क'	1949
12.	मीना कहाँ है?	विष्णु प्रभाकर	—
13.	दो मर्द एक औरत	कर्तार सिंह दुग्गल	—
14.	लक्ष्मी का स्वागत	उपेंद्रनाथ 'अश्क'	1949
15.	क्या वह दोषी था?	विष्णु प्रभाकर	—
16.	पर्दा उठाओ पर्दा गिराओ	उपेंद्रनाथ 'अश्क'	1950
17.	झूठे टुकड़े	कर्तार सिंह दुग्गल	—
18.	समस्या का अंत	उदयशंकर भट्ट	—
19.	काहिरा की एक शाम	कृष्णचन्द्र	—
20.	दो किनारे	विष्णु प्रभाकर	—
21.	अंजो दीदी	उपेंद्रनाथ 'अश्क'	1954
22.	युग संधि	विष्णु प्रभाकर	—
23.	कैद की उड़ान	उपेंद्रनाथ 'अश्क'	1954
24.	नीलकंठ	कृष्णचंद्र	—
25.	प्रकाश की विजय	डॉ. सिद्धनाथ कुमार	—

26.	अजनबी	स्वदेश कुमार	—
27.	प्रकाश और परछाईं	विष्णु प्रभाकर	—
28.	गोपा का दान	विनोद रस्तोगी	1957
29.	वधू चाहिए	प्रभाकर माचवे	—
30.	प्यार का पहलू	भृंग तुपकरी	—
31.	आँसू	रेवती सरन शर्मा	—
32.	उतार-चढ़ाव	अमृतलाल नागर	—
33.	दोराहा	विष्णु प्रभाकर	—
34.	दुनिया खड़ी है	डॉ. सिद्धनाथ कुमार	—
35.	स्वर्ग यात्रा (ऐतिहासिक नाटक)	प्रतापनारायण टंडन	—
36.	पति-पत्नी	स्वदेश कुमार	—
37.	गीत के बोल	विष्णु प्रभाकर	—
38.	खानाबदोश	भृंग तुपकरी	—
39.	रामभरोसे	प्रभाकर माचवे	—
40.	चक्करदार सीढ़ियाँ	अमृतलाल नागर	—
41.	मुर्दे जागते हैं	हरिश्चंद्र खन्ना	—
42.	दादी अम्मा जागी	चिरंजीत	1956
43.	विषाद की छाया	डॉ. सिद्धनाथ कुमार	—
44.	समरेखा	विष्णु प्रभाकर	—
45.	नग्मे की मौत	रेवती सरन शर्मा	—
46.	अपमान	हरिश्चंद्र खन्ना	—
47.	हीरे की अंगूठी	अमृतलाल नागर	—
48.	शैतान की बेटी	विनोद रस्तोगी	—
49.	एक लम्हा पहले	रेवती सरन शर्मा	—
50.	आदमी की कीमत	डॉ. सिद्धनाथ कुमार	—
51.	सवेरा	विष्णु प्रभाकर	
52.	मुक्ति के पथ पर	हरिश्चंद्र खन्ना	—
53.	उतार-चढ़ाव	रेवती सरन शर्मा	—
54.	तस्वीर उसकी	चिरंजीत	1963
55.	शारदीया	जगदीशचंद्र माथुर	—
56.	पलायन	भारतभूषण अग्रवाल	—
57.	सौदा	विनोद रस्तोगी	—
58.	संस्कार और भावना	विष्णु प्रभाकर	—

59. अँधेरा उजाला	रेवती सरन शर्मा	—
60. चौदह वर्ष	डॉ. सिद्धनाथ कुमार	—
61. साथ वाला मकान	चिरंजीत	—
62. मन की साध	सत्येंद्र शरत	—
63. पत्थर और आँसू	रेवती सरन शर्मा	—
64. मछली के आँसू	कृष्ण किशोर श्रीवास्तव	—
65. जहाँ दया पाप है	विष्णु प्रभाकर	—
66. कोणार्क	जगदीशचंद्र माथुर	—
67. रंग और रूप	सिद्धनाथ कुमार	—
68. डॉक्टर बीवी	रेवती सरन शर्मा	—
69. तूफान के बाद	कृष्ण किशोर श्रीवास्तव	—
70. घर का मालिक	चिरंजीत	—
71. उपचेतना का छल	विष्णु प्रभाकर	—
72. राख और कलियाँ	हरिश्चंद्र खन्ना	—
73. धुएँ की लकीर	भृंग तुपकरी	—
74. धुंधले चित्र	कृष्ण किशोर श्रीवास्तव	—
75. वीर पूजा	विष्णु प्रभाकर	—
76. इंसान	रेवती सरन शर्मा	—
77. कायर	हरिश्चंद्र खन्ना	—
78. खँडहर	जगदीशचंद्र माथुर	—
79. आधी रात	विनोद रस्तोगी	—
80. अमावस्या का अंधकार	रेवती सरन शर्मा	—
81. कच्चे धागे	कृष्ण किशोर श्रीवास्तव	—
82. दरिंदा	विष्णु प्रभाकर	—
83. फूल और चिनगारी	रेवती सरन शर्मा	—
84. विजेता (पौराणिक नाटक)	भृंग तुपकरी	—
85. आँसू और आग	कृष्ण किशोर श्रीवास्तव	—
86. दस बजे रात	विष्णु प्रभाकर	—
87. तत्पश्चात	भारतभूषण अग्रवाल	—
88. मकड़ी का जाला	जगदीशचन्द्र माथुर	—
89. नूरजहाँ (ऐतिहासिक नाटक)	विनोद रस्तोगी	—
90. टूटा हुआ आदमी	सिद्धनाथ कुमार	—
91. पूर्णाहुति	विष्णु प्रभाकर	—

92.	पतझड़ की एक रात	चिरंजीत	—
93.	दस का नोट	भृंग तुपकरी	—
94.	मरीचिका	कृष्ण कुमार श्रीवास्तव	—
95.	जज का फैसला	विष्णु प्रभाकर	—
96.	त्यागपत्र	जैनेंद्र कुमार	1969
97.	उनका भाई	गोपालदास	1969
98.	हम हिंदुस्तानी	चिरंजीत	1970
99.	लाइहरोबा	मुद्राराक्षस	1970
100.	शादी का इश्तिहार	राजेंद्रसिंह बेदी	—
101.	उसका अजनबी	मुद्राराक्षस	1970
102.	आधे अधूरे	मोहन राकेश	—
103.	रतजगा	चिरंजीत	1973
104.	संतोला	मुद्राराक्षस	1973
105.	दीपशिखा	रेवती सरन शर्मा	1973
106.	काले सूरज की शवयात्रा	मुद्राराक्षस	1974
107.	मानस का हंस	अमृतलाल नागर	1974
108.	चट्टान से चट्टान तक	विष्णु प्रभाकर	1974
109.	दहशत	मुद्रराक्षस	1974
110.	जिनकी वापसी	भदनमोहन खन्ना	1974
111.	चरित्रहीन	शरतचन्द्र चट्टोपाध्याय	1975
112.	वह जो मैं नहीं हूँ	के.पी.सक्सेना	1975
113.	गुप्तधन	दिलीपसिंह	1975
114.	सराय के बाहर	कृष्णचंद्र	1976
115.	और वितस्ता बहती रही	अली मोहम्मद लोन	1977
116.	साथ हमारा छूटे ना	जयसिंह राठोड़	1977
117.	नया साक्षात्कार	गिरिजा कुमार माथुर	1978
118.	मतलब की बात	विनोद रस्तोगी	1978
119.	एक और अजनबी	मृदुला गर्ग	1978
120.	बंद दरवाजा	अमृता प्रीतम	1979
121.	ऊँचे पर्वत ऊँचे लोग	चिरंजीत	1979
122.	परदेशी	ख्वाजा बदी-उ-जमां	1979
123.	टूलो	उपेंद्रनाथ 'अश्क'	1990
124.	सासक्षेत्रे बहुक्षेत्रे समवेता युयुत्सवा	आशा वर्मा	1990
125.	राजघर की कथा	मनोज दास	1990

रूपक

126.	अल्ला मेघ दे (पंजाबी लोकगीतों पर आधारित रूपक)	कर्तार सिंह दुग्गल	–
127.	अमर ज्योति	रामवृक्ष बेनीपुरी	–
128.	एकला चलो रे	उदयशंकर भट्ट	
129.	अनार के दो पत्ते (पंजाबी लोकगीतों पर आधारित रूपक)	कर्तार सिंह दुग्गल	–
130.	अमर अर्चना	उदयशंकर भट्ट	–
131.	राम-राज्य	रामवृक्ष बेनीपुरी	–
132.	नव-प्रभात	सेठ गोविंददास तथा चंद्रगुप्त विद्यालंकार	16-8-1947
133.	कालिदास	उदयशंकर भट्ट	–
134.	नान्यः पन्थाः (राष्ट्रपिता, महात्मा गाँधी की नोआखाली यात्रा पर आधारित रूपक)	सच्चिदानंद हीरानंद वात्स्यायन 'अज्ञेय'	–
135.	वन महोत्सव	उदयशंकर भट्ट	–
136.	हमारा स्वाधीनता संग्राम (छः भागों में)	विष्णु प्रभाकर	1949 से मार्च 1950 तक प्रसारित
137.	उजाले से पहले	अमृतलाल नागर	–
138.	मर्यादा पुरुषोत्तम राम (बी.बी.सी. पर भी प्रसारित)	उपेंद्रनाथ अश्क	–
139.	स्वतंत्रता का अर्थ	विष्णु प्रभाकर	–
140.	भारतेंदु कला	अमृतलाल नागर	–
141.	मिलन तीर्थ	भारतभूषण अग्रवाल	–
142.	अहिंसक सेनानी	प्रभाकर माचवे	–
143.	संयम	विष्णु प्रभाकर	–
144.	शांतिपथ	भारतभूषण अग्रवाल	–
145.	मजदूर और राष्ट्र चरित्र	विष्णु प्रभाकर	–
146.	अंगदहन	प्रभाकर माचवे	–
147.	नर्मदा	लीला अवस्थी	–
148.	चौरागढ़	लीला अवस्थी	–

149.	रामगिरि	लीला अवस्थी	—
150.	पवनार	लीला अवस्थी	—
151.	असीरगढ़	लीला अवस्थी	—
152.	रतनपुर	लीला अवस्थी	—
153.	त्रिपुरी	लीला अवस्थी	—
154.	दीवार	प्रभाकर माचवे	—
155.	सेतुबंधन	भारतभूषण अग्रवाल	—
156.	नया समाज	विष्णु प्रभाकर	—
157.	अजेय पर विजय	भृंग तुपकरी	—
158.	समाज सेवा	विष्णु प्रभाकर	—
159.	नीलाखेड़ी	हरिश्चंद्र खन्ना	—
160.	राजस्थान	विष्णु प्रभाकर	—
161.	नया कश्मीर	विष्णु प्रभाकर	—
162.	अनुशासन	विष्णु प्रभाकर	—

मोनोलॉग (एक पात्रीय नाटक)

163.	ऊपर की मंजिल	कर्तार सिंह दुग्गल	—
164.	सड़क	विष्णु प्रभाकर	—
165.	अमानत	कर्तार सिंह दुग्गल	—
166.	काँच का टुकड़ा	भृंग तुपकरी	—
167.	धुवाँ	विष्णु प्रभाकर	—
168.	घेरा	भृंग तुपकरी	—
169.	नए पुराने	विष्णु प्रभाकर	—
170.	नहीं, नहीं, नहीं	विष्णु प्रभाकर	—

पद्यनाटक/संगीत नाटक

171.	सृष्टि का आखिरी आदमी	धर्मवीर भारती
172.	लौह देवता	सिद्धनाथ कुमार
173.	प्यूली	भृंग तुपकरी
174.	सृष्टि की साँझ	सिद्धनाथ कुमार
175.	विकलांगों का देश	सिद्धनाथ कुमार
176.	बादलों का शाप	सिद्धनाथ कुमार
177.	जीवन	सिद्धनाथ कुमार
178.	यक्षिणी	सिद्धनाथ कुमार

179.	लपटों की राह	सिद्धनाथ कुमार	
180.	संघर्ष	सिद्धनाथ कुमार	

रूपांतर

181.	मेघदूत (कालिदास की रचना का रेडियो रूपांतर)	उदयशंकर भट्ट	—
182.	यशोधरा	प्रभाकर माचवे	1950
183.	गाँव के देवता	रामवृक्ष बेनीपुरी	—
184.	कामायनी	प्रभाकर माचवे	1951
185.	विक्रमोर्वशी (कालिदास की रचना का रेडियो रूपांतर)	उदयशंकर भट्ट	—
186.	जयदोल (लेखक की अपनी कहानी का रेडियो नाट्य रूपांतर)	सच्चिदानंद हीरानंद वात्स्यायन 'अज्ञेय'	—
187.	बाणभट्ट की आत्मकथा	प्रभाकर माचवे	1952
188.	बड़ी बड़ी आँखें (लेखक के अपने उपन्यास पर आधारित रेडियो नाट्य रूपांतर)	स्वदेश कुमार	—

हास्य नाटक

189.	एक रुपया एक फूल	कृष्णचंद्र
190.	नवाब कनकौवा	प्रतापनारायण टंडन
191.	मुंशी जी लेखक बने	भृंग तुपकरी
192.	मंगलीक	कृष्णचंद्र
193.	चौराहा	भृंग तुपकरी
194.	कायदा	भृंग तुपकरी
195.	आँधी	भृंग तुपकरी।

टेलीविजन

आकाशवाणी के एक नए विभाग के रूप में टेलीविजन को 1959 में स्थापित किया गया तथा टी. वी. सेंटर दिल्ली ने कार्य करना आरंभ किया। महसूस किया गया

कि नाटक भी प्रसारण-शेड्यूल में शामिल हो और समय-समय पर उसका आयोजन हो। दृष्टिकोण, प्रदर्शन-कला और शैली के लिहाज से भारतीय टेली-नाटक में एकरूपता बनी रहे, इस उद्देश्य से नाटक-मंडली का जन्म 60 के दशक में हुआ जिसमें पी. एल. देशपांडे, शिवेंद्र सिन्हा, प्रशांत पांडेय, सई परांजपे, पी.कुमार वासुदेव, ए.प्रताप, स्वदेश कुमार इत्यादि शामिल थे। तब ये नाटक स्टूडियो में होते थे और इलैक्ट्रॉनिक कैमरे द्वारा प्रस्तुत किए जाते थे और इनमें बाह्य दृश्य सम्मिलित नहीं होते थे। इस दौर में एक नाट्यमाला 'ऐसा भी होता है' गंगाधर शुक्ल द्वारा लिखित एवं निर्देशित प्रस्तुत हुई जिसको भारतीय टेलीविजन का पहला धारावाहिक कहा जा सकता है। यह धारावाहिक 103 किस्तों में दिखाया गया था।

इसके अतिरिक्त उस दशक में अनेक उपन्यासों को टेलीविजन के लिए रूपांतरित किया गया। इनमें से प्रमुख थे, प्रेमचंद का 'रंगभूमि', भगवतीचरण वर्मा का 'भूले बिसरे चित्र', धर्मवीर भारती का 'गुनाहों का देवता' व 'जीवी'। उन्हीं दिनों रंगमंच नाटक 'खामोश अदालत जारी है', सई परांजपे द्वारा टी. वी. पर प्रस्तुत हुआ। किंतु विजय तेंदुलकर के इस नाटक को टेलीविजन के लिए रूपांतरित किया गया था और रूपांतरकार थे शैलेंद्र। रूपांतर का उद्देश्य था इस रंगमंचीय नाटक को टेलीविजन के लिए नया आकार देना।

सत्तर के दशक में राष्ट्रीय नाट्य विद्यालय के कुछ स्नातक टेलीविजन से जुड़े और उन्होंने टी. वी. नाटकों की प्रस्तुति में सक्रिय भूमिका निभाई। चमन बग्गा, वीरेन्द्र शर्मा, समीर मैत्रा, सबा ज़ैदी तथा वेद सिन्हा आदि प्रस्तुतकर्ताओं ने टी. वी. नाटकों का निर्देशन करने के साथ ही रंगमंच के चुनिंदा नाटक टेलीविजन पर प्रस्तुत किए। उन दिनों की एक महत्त्वपूर्ण बात यह रही कि नाटक में बाह्य दृश्य भी सम्मिलित किए जाने लगे थे। यह दृश्य फिल्म पर शूट होकर संपादित होते थे तथा नाटक में यथास्थान जोड़े जाते। इससे पूर्व के नाटकों का आकार ऐसा था कि उनमें न तो संपादन की ही कोई व्यवस्था थी और न ही किसी बाह्य दृश्य के जोड़े जाने का कोई तरीका। यह रंगमंच के नाटकों की तरह शुरू से आखिर तक बिना रुके प्रदर्शित होते थे और यदि रिकॉर्डिंग के बीच कोई गड़बड़ी हुई तो पूरा का पूरा नाटक दोबारा शुरू से रिकॉर्ड होता था। वीरेन्द्र शर्मा द्वारा निर्देशित वसंत देव का 'शेर शिवाजी' इसी पद्धति में निर्मित हुआ था।

सत्तर के ही दशक में फिल्म कैमरों के रहते टेलीविजन के लिए 'आषाढ़ का एक दिन' जैसे नाटक फिल्माए गए जो रंगमंच पर काफी लोकप्रिय रहे थे। यह नाटक देहरादून की पहाड़ियों में वेद सिन्हा के निर्देशन में फिल्माया गया था।

आठवें दशक में टेलीविजन-नाटक, दूरदर्शन पर, नियमित रूप से दिखाए जाने लगे। ये नाटक एक घंटे की अवधि के होते और सप्ताह में एक बार दिखाए जाते। इसके अतिरिक्त इस दशक में लोकप्रिय हिंदी धारावाहिक (सोप ऑपेरा) 'हम लोग'

तथा रेवती सरन शर्मा का लिखा धारावाहिक 'फिर वही तलाश' भी निर्मित हुए। मनोहर श्याम जोशी का 'हम लोग' 265 किस्तों में दर्शाया गया तथा दिसंबर 1985 में इसकी आखिरी किस्त दिखा दी गई थी। इन्हीं दिनों टेलीफिल्मों का सिलसिला भी प्रारंभ हुआ। पहली टेलीफिल्म प्रेमचंद की कहानी 'सद्‌गति' पर आधारित थी। इसका निर्देशन सत्यजित राय ने किया था।

उल्लेखनीय टी. वी. नाटक जो नियमित प्रसारित होते रहे हैं—

क्र.सं.	शीर्षक	लेखक, रूपांतरकार एवं निर्देशक	प्रसारण वर्ष/तिथि
1.	संध्या छाया	जयंत दलवी निर्देशन : सबा ज़ैदी	6-3-1979
2.	बंद गली का आखिरी मकान	कहानी : डॉ. धर्मवीर भारती पटकथा एवं संवाद : शैलेंद्र निर्देशक : राजेंद्र नाथ प्रस्तुतकर्ता : समीर मैत्रा	5-5-1980
3.	डिप्टी कलेक्टर	कहानी : अमरकांत पटकथा एवं संवाद : भास्कर नैयर निर्देशक : चमन बग्गा	—
4.	एन्ना की आवाज	असगर वजाहत निर्देशक : चमन बग्गा	—
5.	देवी	कहानी : प्रभात कुमार मुखोपाध्याय पटकथा एवं संवाद : विष्णु प्रभाकर	—
6.	माधवी	लेखक एवं निर्देशक : डी.एन. गोस्वामी	—
7.	नमक का दारोगा	कहानी : प्रेमचंद पटकथा एवं संवाद : रमेश मेहता निर्देशक : चमन बग्गा	—
8.	अंजू दीदी	उपेंद्रनाथ 'अश्क' रूपांतर : शैलेंद्र निर्देश : राजेश्वर नाथ	—
9.	फरमान	असगर वजाहत	

		निर्देशक : चमन बग्गा	—
10.	कहानी कैसे बनी	कर्तार सिंह दुग्गल निर्देशन : सबा ज़ैदी	17-6-1980
11.	सब की इज्जत	कहानी : यशपाल पटकथा : शैलेंद्र निर्देशक : चमन बग्गा	29-7-1980
12.	उधार की जिंदगी	प्रेमचंद की कहानी 'नैराश्य' पर आधारित टेली-रूपांतर : रघुवीर सहाय निर्देशन : सबा ज़ैदी	9-9-1980
13.	बड़ी बुआ जी	बादल सरकार अनुवाद : डॉ. प्रतिभा अग्रवाल टेली-रूपांतर : रमेश चोपड़ा निर्देशन : समीर मैत्रा	30-9-1980
14.	फखरु मियाँ	कहानी : रजिया सज्जाद ज़हीर टेलीप्ले : अनवर अज़ीम निर्देशन : सबा ज़ैदी	20-1-1981
15.	त्रिशंकु	मन्नू भंडारी संगीत : मोहन उप्रेती निर्देशन : राजेंद्रनाथ प्रस्तुतकर्ता : राजेश्वरनाथ	5-81
16.	आषाढ़ का एक दिन	मोहन राकेश निर्देशन : वेद सिन्हा (अवधि 2 घंटे 24 मिनट)	9-81
17.	कंजूस	मोलियर रूपांतर : हज़रत आवारा निर्देशन : सबा ज़ैदी	10-81
18.	शकुंतला	कालिदास अनुवाद : मोहन राकेश निर्देशक : चमन बग्गा (अवधि 2 घंटे 10 मिनट)	6-82
19.	उदास चबूतरा	राही मासूम रज़ा निर्देशन : सबा ज़ैदी	—
20.	आखिरी इम्तहान*	कोइरेंथ की रचना पर आधारित	7-9-1982

		अनुवाद : अतहर परवेज़ रूपांतर : डॉ. मोहम्मद हसन निर्देशन : सबा ज़ैदी	
21.	किताब का कफन	कृश्नचंद्र प्रस्तुतकर्ता एवं निर्देशक : सबा ज़ैदी	—
22.	बॉबी की कहानी	विजय तेंदुलकर रूपांतर : डॉ. कुसुम कुमार निर्देशन : वेद सिन्हा	—
23.	इंसाफ का घेरा	बर्टोल्ट ब्रेख्त टी.वी. रूपांतर : मोहन सोनी निर्देशन : फ्रिज बेनीविस्स प्रस्तुतकर्ता : सबा ज़ैदी	21-4-1984
24.	घासीराम कोतवाल	विजय तेंदुलकर हिंदी अनुवाद : वसंत देव निर्देशन : ब.व.कारंत प्र. : सबा ज़ैदी	12-1983
25.	अकेली	कहानी : मन्नू भंडारी टी.वी. रूपांतर : देवेंद्रराज अंकुर निर्देशन : सबा ज़ैदी	17-4-1984
26.	कबिरा खड़ा बाज़ार में	भीष्म साहनी निर्देशन : एम.के.रैना प्र. : सबा ज़ैदी (प्रयोग नाट्य-दल की प्रस्तुति)	30-6-1984
27.	अभया	शरतचंद्र के उपन्यास श्रीकांत पर आधारित रूपांतर : विष्णु प्रभाकर निर्देशन : वेद सिन्हा	24-9-1984
28.	बरसात की एक रात	चिरंजीत निर्देशन : योगराज टंडन	10-2-1986
29.	काठ की गाड़ी	त्रिपुरारी शर्मा (राष्ट्रीय नाट्य विद्यालय	11-9-1985

* पहला रंगीन नाटक

		रंगमंडल की प्रस्तुति) प्र. : वेद सिन्हा	
30.	जेवर का डिब्बा (टेलीफिल्म)	प्रेमचंद की कहानी पर आधारित पटकथा : अमिताभ श्रीवास्तव निर्देशन : सबा ज़ैदी	28-12-1985 राष्ट्रीय प्रसारण में प्रसारित
31.	नशा	प्रेमंचद की कहानी पर आधारित रूपांतर : देवेंद्रराज अंकुर निर्देशन : सबा ज़ैदी	12-85
32.	मध्यांतर	कहानी : मालती जोशी रूपांतर : शैलेंद्र निर्देशन : वेद सिन्हा	24-3-1986
33.	बैसाखी (टेलीफिल्म)	लेखिका : कांति देव निर्देशन : वेद सिन्हा	1986
34.	दोज़ख	इस्मत चुग़ताई निर्देशन : सबा ज़ैदी	1986
35.	प्रश्न मृत्यु	डॉ. विनय कुमार निर्देशन : राजमणि राय प्र. : वेद सिन्हा	5-5-1986
36.	मान-अपमान	शरतचंद्र की कहानी 'हरिलक्ष्मी' पर आधारित अनुवाद एवं रूपांतर प्रभाकर द्विवेदी निर्देशन : वेद सिन्हा	14-7-1986
37.	चलता-पुर्जा	मोलियर की कहानी बिच्छु पर आधारित रूपांतर : ब. खान निर्देशन : वेद सिन्हा	10-1-1987
38.	नेक परवीन	आगा हश्र कश्मीरी का रंगमंच नाटक रूपांतर एवं निर्देशन : एस.एस.एस. ठाकुर प्रस्तुतकर्ता : योगराज टंडन	11-2-1987
39.	तौबा-तौबा (पाँच	निर्देशक : योगराज टंडन	--

किस्तों में प्रसारित)

40.	बदलते रिश्ते	लेखक : दयानंद अनंत निर्देशन : सबा ज़ैदी	20-6-1987
41.	शमशेर सिंह का थैला	कहानी : डॉ. के.एल.गाँधी रूपांतर : सुरेश भारद्वाज निर्देशन : गुलशन सचदेवा	28-2-1989
42.	भँवर	मृदुला बिहारी निर्देशन : गुलशन सचदेवा	9-5-1989
43.	मोहताज	सत्येंद्र शरत निर्देशन : योगराज टंडन	1989
44.	तभी तो (टेलीफिल्म)	डी.एन.गोस्वामी निर्देशन : गुलशन सचदेवा	—
45.	चाँद चकोरी	मराठी कहानी का रूपांतर रूपांतर एवं निर्देशन : प्रशांत पांडे	1991
46.	ध्रुवस्वामिनी	जयशंकर प्रसाद निर्देशक : राकेश भटनागर	1991
47.	प्रतिशोध	विभूत शाह रूपांतर : प्रशांत पांडे निर्देशन : प्रशांत पांडे	1991
48.	विदाई समारोह	दयानंद अनंत निर्देशन : हरीश दीप	1992
49.	सबीना के चालीस चोर	नासिरा शर्मा निर्देशन : समीर मैत्रा	1992
50.	फिर वही तलाश (22 किस्तों में प्रसारित धारावाहिक)	रेवती सरन शर्मा निर्देशन : लेख टंडन प्रस्तुतकर्ता : योगराज टंडन	1991-92
51.	पानी-पानी	मुद्राराक्षस निर्देशन : हरीश दीप	1993
52.	भीगी धूप (टेलीफिल्म)	कहानी एवं पटकथा : के.के. नैयर निर्देशन : गौरीशंकर रैणा	राष्ट्रीय प्रसारण में 7-11-1994 को प्रसारित
53.	एंजिला	कहानी एवं पटकथा : भास्कर नायर	राष्ट्रीय प्रसारण में

		निर्देशन : गौरीशंकर रैणा	5-2-1995 को प्रसारित
54.	खँडहर	कहानी एवं पटकथा : अनवर अज़ीम निर्देशन : गौरीशंकर रैणा	1995
55.	बंधन	कहानी एवं पटकथा : प्रो. हरिकृष्ण कौल निर्देशन : गौरीशंकर रैणा	1996
56.	अनुभूति	कहानी एवं पटकथा : मृदुला बिहारी निर्देशन : गौरीशंकर रैणा	1996
57.	फरार	कहानी एवं पटकथा : केवल सूरी निर्देशन : गौरीशंकर रैणा	1997
58.	शहंशाह इडिपस	सोफोक्लीस के रंगनाटक का रूपांतरण अनुवाद एवं रूपांतर : जे.एन. कौशल निर्देशन : गौरीशंकर रैणा (अवधि 90 मिनट)	राष्ट्रीय प्रसारण, 1997 में प्रसारित
59.	पेपरवाला	उमाकांत खुबालकर का रंगनाटक रूपांतर एवं निर्देशन : गौरीशंकर रैणा	1999
60.	साइकिल वाला	विजय तेंदुलकर निर्देशन : तुलसीधर कुरूप प्रस्तुतकर्ता : गौरीशंकर रैणा	2000
61.	आखिरी फैसला	कहानी एवं पटकथा : डॉ. के.एल. गाँधी निर्देशन : गौरीशंकर रैणा	2002
62.	अंततः	जयवर्धन सिंह का रंगनाटक रूपांतर एवं निर्देशन : गौरीशंकर रैणा	2002
63.	फुटबाल	रुद्रप्रसाद सेनगुप्ता का रंगमंच नाटक	राष्ट्रीय प्रसारण में

		निर्देशन : श्वाति लेखा सेनगुप्ता प्रस्तुतकर्ता : गौरीशंकर रैणा	प्रसारित 2002
64.	अभिलाषा	कहानी : डॉ. मो. शाहिद हुसैन रूपांतर : गौरव खन्ना निर्देशन : गौरीशंकर रैणा	2002
65.	ये पत्ते कब हरे होंगे	कहानी : मनफूल सिंह रूपांतर : शैलेंद्र निर्देशन : गौरीशंकर रैणा	2002
66.	स्पर्श	कहानी : सतीश ककर पटकथा एवं निर्देशन : गौरीशंकर रैणा	2003
67.	चीफ़ की दावत (टेलीफिल्म)	कहानी : भीष्म साहनी पटकथा एवं संवाद : एच.के.भारती निर्देशन : गौरीशंकर रैणा	राष्ट्रीय प्रसारण में 24-2-2005 को रात 9 बजे प्रसारित
68.	चौथी का जोड़ा (टेलीफिल्म)	कहानी : इस्मत चुग़ताई पटकथा एवं संवाद : रेवती सरन शर्मा निर्देशन : सरोज शर्मा	राष्ट्रीय प्रसारण में 17-3-2005 को प्रसारित
69.	नज़ारा दरमियाँ है (टेलीफिल्म)	कहानी : कुर्रतुल-एन-हैदर निर्देशन : राकेश त्यागी	24-3-2005 (राष्ट्रीय प्रसारण)
70.	मिथुन (टेलीफिल्म)	कहानी : राजेन्द्र सिंह बेदी पटकथा : सी.एल. हक्खू निर्देशन : सुषमा माथुर	31-3-2005 (राष्ट्रीय प्रसारण)
71.	सिर्फ एक सिगरेट (टेलीफिल्म)	कहानी : राजेंद्र सिंह बेदी निर्देशन : राजेश दुआ	7-4-2005 (राष्ट्रीय प्रसारण)

दूरदर्शन के उपरोक्त नाटकों एवं टेलीफिल्मों के साथ ही व्यापारिक टेलीविजन पर 'मास ड्रामा' सोप-ऑपेरा के रूप में दिन-प्रतिदिन प्रसारित होता है जो 'सास भी कभी बहू' तो कभी 'कसौटी जिंदगी की' के रूप में प्रेक्षक वर्ग के लिए तैयार किया

जाता है। व्यापारिक टी. वी. के ये नाट्य आधारित कार्यक्रम साहित्यिक कृतियों पर आधारित होने के बजाय प्रेक्षक वर्ग के मनोरंजन के लिए लिखे जाते हैं।

संदर्भ

1. हिंदी नाट्य कला तथा रेडियो नाटक, डॉ. राधेश्याम वाजपेयी, अटलांटिक पब्लिशर्स, नई दिल्ली, 1977, पृ. 47।
2. वक्त गुजरता है—गंगाधर शुक्ल, सारांश प्रकाशन, नई दिल्ली, 2005, पृ. 40।
3. वही, पृ. 64।
4. वही, पृ. 31।
5. हिंदी नाट्य कला तथा रेडियो नाटक, डॉ. राधेश्याम वाजपेयी, अटलांटिक पब्लिशर्स, नई दिल्ली, 1977, पृ. 103।
6. रेडियो नाटक; हरिश्चंद्र खन्ना, पृ. 10।
7. किस पहि खोलऊ गंठडी, कर्तार सिंह दुग्गल, नेशनल बुक ट्रस्ट, नई दिल्ली, 2004, पृ. 254-55।

रेडियो नाटक-प्रविधि

रेडियो ऐसा साहित्य रचता है जो केवल शब्दों पर आधारित न होकर, लिखे हुए शब्दों के प्रसारित रूप में, उनके संपूर्ण प्रभाव के आधार पर आँका जाता है। उन लिखित शब्दों को वाचन, संगीत तथा प्रस्तुतीकरण की कला द्वारा मूड (Mood) में परिवर्तित किया जाता है।[1] वे लिखे हुए शब्द कैसे सुने जाएँगे, वह महत्त्वपूर्ण हो जाता है। रेडियो-साहित्य कागज पर लिखे जाने के बावजूद कानों के माध्यम से पढ़ा जाता है। इसी कारण रेडियो की रचना उत्साहित करने वाली कला मानी गई है।

भारत में रेडियो से नाटकों का प्रसारण कलकत्ता से सन् 1928 ई. में शुरू हुआ था। बंगाल में रंगमंच परंपरा के प्रभाव के अंतर्गत रेडियो पर जो साप्ताहिक-नाटक हर शनिवार को प्रसारित होता था उसकी अवधि तीन घंटे की होती थी और उन नाटकों में सभी रंगमंच युक्तियाँ प्रयुक्त होती थीं। रेडियो पर पहला हिंदी नाटक 1936 ई. में प्रसारित किया गया था।

प्रारंभ के रेडियो नाटकों में प्रायः वही नाटक कुछ परिवर्तनों के साथ प्रसारित होते थे जो रंगमंच के लिए लिखे जाते। उन दिनों पारसी नाटक कंपनियों के नाटकों को देखने के लिए लोग दूर-दूर से आते। अतः उन रंगमंचीय नाटकों की लोकप्रियता को देखते हुए उनका रेडियो से प्रसारित होना स्वाभाविक था। रंगमंच के लिए लिखे उन नाटकों में ऐसे दृश्य होते थे जो प्रेक्षागृह में बैठे दर्शकों के लिए बने होते थे तथा उनकी दृश्यात्मक शैली में बिना किसी रूपांतर के ज्यों-का-त्यों रेडियो पर प्रस्तुतीकरण होता। नाटक में दृश्य-परिवर्तन का संकेत उद्घोषक द्वारा दिया जाता। श्रव्यात्मक दृश्यों की रचना नहीं होती और न उसकी कोई तकनीक ही विकसित थी।

रेडियो नाटक की श्रव्यात्मकता का महत्त्व समझते हुए विश्व-विख्यात नाटककार, सेम्यूल बेकेट (Samuel Beckett) ने अपने रेडियो नाटक 'एम्बर्स' (Embers) में एक ऐसे व्यक्ति की कल्पना की थी जो समुद्र में उठने वाले तूफान की ध्वनि हर समय

सुनता रहता है। समुद्र में उस व्यक्ति का पिता डूब गया होता है और वह तूफान की ध्वनि से छुटकारा पाना चाहता है। इस कारण प्रेतात्माओं की कल्पना कर उनसे बातें करने लगता है। इस प्रकार बेकेट ने संवाद तथा ध्वनि-प्रभाव पर आधारित रेडियो नाटकों की रचना की थी। किंतु भारत में इस प्रकार के शुद्ध रेडियो साहित्य का, प्रारंभ में, अभाव था। कुछ वर्षों में एकांकी लिखे जाने लगे जो रेडियो तथा रंगमंच, दोनों पर, प्रसारित व प्रदर्शित होते थे। जब रेडियो से प्रसारित नाटकों की लोकप्रियता बढ़ने लगी तो चर्चित कथाकारों व लेखकों, जैसे—सआदत हसन मंटो, कृश्न चंदर, कर्तार सिंह दुग्गल तथा उपेंद्रनाथ अश्क से नाटक लिखवाए जाने लगे।

आकाशवाणी के पूर्व चीफ प्रोड्यूसर (नाटक) सत्येंद्र शरत के अनुसार रेडियो नाटक, "प्रत्येक श्रोता के मानसिक मंच पर अलग-अलग ढंग से अभिनीत होता है। रेडियो नाटक अपने श्रोताओं की कल्पना के अनुसार ही उनके मानस-पटल पर जीवित होता है, इसलिए रेडियो नाटक को मस्तिष्क का रंगमंच (द थियेटर ऑफ द माइंड) कहा जाता है। रेडियो नाटक प्रत्येक कल्पनाशील श्रोता के मस्तिष्क में उसकी कल्पना के अनुसार साकार रूप लेता है, इस कारण यह अन्य किसी माध्यम की अपेक्षा मानव के अंतर्मन के सूक्ष्म से सूक्ष्म मनोभावों और संघर्षों को बहुत कुशलता और दक्षता के साथ चित्रित कर सकता है।"[2]

रंगमंच, फिल्म तथा टेलीविजन पर जो विषय दर्शाए नहीं जा सकते हैं उन्हें ध्वनि के माध्यम से प्रस्तुत करने की क्षमता रेडियो में है। रेडियो किसी भी घटना, स्थिति तथा भाव को प्रसारित करने में सक्षम है। क्योंकि इस माध्यम में एक श्रोता कल्पना द्वारा पात्रों के साथ वैयक्तिक संबंध स्थापित करता है। नाटक घटना-प्रधान होने के बजाय मनोभावों के संघर्ष प्रस्तुत करता है तथा शब्दात्मक होने के कारण एक स्वतंत्र साहित्यिक विधा के रूप में प्रसारित होता है।

पश्चिम में, रेडियो नाटक का स्वर्ण-युग 1937 से 1946 माना गया है। इस अवधि में 'द फाल ऑफ द सिटी', 'द एयरबोर्न' (जिसमें आर्सन वेल्स ने मुख्य भूमिका निभाई थी।[3]), 'मेनी ए वाचफुल नाइट', 'द फेस', 'अक्टूबर मार्निंग' तथा 'द एंपटी नूज' जैसे नाटक लिखे गए थे। इन नाटकों में महायुद्ध से उत्पन्न भय तथा मानव की पीड़ा को व्यक्त किया गया था। ये नाटक इतने वर्षों पूर्व लिखे जाने के बावजूद समकालीन लगते हैं क्योंकि इनमें विश्व समाज के मानव के सामान्य अनुभवों को प्रस्तुत किया गया है।

भारत में प्रथम रेडियो नाटक 'नल दमयंती' से लेकर 1947 ई. तक जितने भी नाटक प्रसारित हुए उनमें अधिकांश पौराणिक, ऐतिहासिक अथवा रूमानी होते थे। जिनका उद्देश्य मनोरंजन होता था।[4] विषय की दृष्टि से हिंदी रेडियो नाटकों में 1947 के पश्चात् विविधता आने लगी तथा स्वातंत्र्योपरांत रेडियो नाटक ने एक नई तकनीक विकसित की जो शब्द, संगीत तथा ध्वनि-प्रभाव पर आधारित थी।

रेडियो नाटक

शब्द	संगीत	प्रभाव
(संवाद)	(पार्श्व-संगीत)	(ध्वनि-प्रभाव)

"रेडियो नाटक एक सुगठित कहानी तथा कुशल चरित्र-चित्रण की सहायता से, सार्थक संवाद और पार्श्व-संगीत तथा उपयुक्त ध्वनि-प्रभाव के कारण ही श्रोताओं तक पहुँचता है—इस कारण यह कहना अनुचित न होगा कि रेडियो नाटक अपने श्रोताओं के कान में सीधे बात करने की शक्ति और विशेषता रखता है।"[5]

रेडियो नाटक अपने विकसित आरूप में एक विशेष कलात्मक रूप में भावों को प्रस्तुत करता है। जिसके लिए नाटककार, अभिनेता तथा निर्देशक विशेष तकनीक और हुनर-विशेष को प्रयोग में लाते हैं। नाटक की भाषा, अभिनय और प्रस्तुतीकरण की कला, श्रोता को इस सौंदर्य-कला का सहभागी बनाते हैं। श्रोता, नाटक में प्रस्तुत संघर्ष के प्रति भावात्मक स्थिति में प्रतिक्रिया दिखाता है। अतः अभिनेता और श्रोता में एक रिश्ता कायम होता है। संप्रेषण के इस प्रक्रम में अभिनेता की आवाज़ भावों को प्रसारित करने का साधन बन जाती है जिसके द्वारा विचारों, धारणाओं तथा कल्पना को व्यक्त किया जाता है।

जब नाटक, रंगमंच पर प्रस्तुत हो रहा होता है तो संप्रेषण अभिनेता और दर्शक के बीच हो रहा होता है जबकि रेडियो नाटक के प्रसारण के दौरान श्रोता सहभागी बन जाता है—वह दृश्यों के परिवेश का रंग-रूप स्वयं निर्धारित कर रहा होता है।

नाटक द्वारा प्यार, घृणा, युद्ध, शांति, राजनीति एवं दर्शन-विषयक अथवा नैतिक धारणाओं पर आधारित रचनाओं का प्रसारण होता है। ऐसे में साहित्यिक नाटकों के साथ-साथ संदेशात्मक नाटक भी प्रसारित होते हैं। कई नाटक समस्यामूलक भी होते हैं। प्रायः ऐसे नाटकों में समस्यामूलक अभिप्राय नाट्य के गुणों को गौण बनाकर, पात्र के व्यक्तित्व को विकृत कर, नाटकीय प्रचार को प्राथमिकता देता है। किंतु विशुद्ध, रेडियो नाटक किसी राजनीतिक संदेश का प्रचारक न होकर एक मानवीय कथा पर आधारित होता है। एक नाटक की रचना करने के लिए नाटककार कथा सूत्र को रेडियो के माध्यम के अनुसार परिवर्तित कर उसको एक स्थान प्रदान करता है, चरित्रों के संवाद की रचना करता है तथा एक पुनर्निर्माण करता है। रचना की इस प्रक्रिया में अभिनेता और निर्देशक भी शामिल होते हैं। अतः लेखक की परिकल्पना, अभिनेता की आवाज़ तथा निर्देशक का विवेक एक कथा को कला-रूप में परिवर्तित करते हैं।

रंगमंच पर यह कला-सौंदर्य, दृश्य रूपों में प्रकट होता है। परंतु रेडियो नाटक में यह देखे जाने वाले दृश्यों के बजाय श्रव्यात्मक दृश्यों द्वारा व्यक्त होता है। इस

प्रकार रेडियो नाटक के आलेख में शब्द (संवाद) ही स्थान को स्थापित करते हैं, चरित्रों की मनोदशा व्यक्त करते हैं तथा कहानी को आगे बढ़ाते हैं।

शब्द (संवाद)

(1) नाटक का वर्णन
(2) पात्रों व कथावस्तु की जानकारी
(3) रचना की साहित्यिकता
(4) नाटक के मानसिक वातावरण का प्रकटीकरण

इस शब्दात्मक शैली में संगीत जहाँ पृष्ठभूमि प्रस्तुत करने में सहायक होता है वहीं ध्वनि-प्रभावों द्वारा वायु, वर्षा, युद्ध, रेलगाड़ी के सफर, बस-यात्रा इत्यादि जैसे दृश्यों का श्रव्यात्मक रूप प्रस्तुत किया जाता है।

"एक अच्छे मंच नाटक में जो तत्त्व होते हैं, लगभग वे ही तत्त्व प्रायः एक अच्छे रेडियो नाटक में भी होते हैं। अर्थात् अच्छी रोचक कहानी, सुगठित कथावस्तु, स्पष्ट चरित्र-चित्रण, तेजी से चलता हुआ कार्य-व्यापार, पात्रों का संघर्ष, कसे हुए चुस्त संवाद और सही स्थान पर क्लाइमेक्स तथा कथा-समापन। इन तत्त्वों के साथ रेडियो नाटक में दो तत्त्व और होते हैं। वे हैं—नाटक की पृष्ठभूमि और दृश्य-परिवर्तन तथा समय व्यवधान सूचित करने वाला पार्श्व संगीत और दूसरा—उपयुक्त वातावरण तथा पात्रों के कार्य-व्यापार की सृष्टि करने वाले सार्थक ध्वनि-प्रभाव।"[6]

रंगमंचीय नाटकों पर आधारित, प्रारंभ के रेडियो नाटकों में उचित ध्वनि प्रभावों की कमी होती थी किंतु बाद के नाटकों में अच्छे रेडियो संवाद के साथ ही पार्श्व-संगीत तथा ध्वनि-प्रभावों के कारण रेडियो नाटक नए रूप में प्रस्तुत होने लगे।

डॉ. राधेश्याम वाजपेयी ने हिंदी रेडियो नाटक की तीन अवस्थाएँ मानी हैं। पहली वह जब रेडियो से रंगमंचीय नाटक रंगमंच की सारी स्थूलताओं के साथ प्रसारित होते थे। दूसरी अवस्था वह जिसमें ऐसे एकांकियों की रचना की गई जो सफलतापूर्वक रेडियो से प्रसारित हो सके। ऐसे एकांकी रामकुमार वर्मा और उपेंद्रनाथ अश्क ने लिखे थे। तीसरी अवस्था वह जब रेडियो नाटक की स्वतंत्र तकनीक विकसित हुई और रेडियो नाटक ने एक नया स्वरूप प्रस्तुत किया जो ध्वनि और श्रुति की दुनिया में ले जाकर श्रोताओं का मनोरंजन एवं मार्गदर्शन करने में पूर्ण सक्षम है।[7]

रेडियो नाटकों को 'ध्वनि-नाटक' और ध्वनि-एकांकी भी कहा गया है। किंतु इसे एकांकी कहना भी उचित न होगा क्योंकि इसमें अंक न होकर दृश्य होते हैं। अंक, नाटक का विभाजित अंश होता है। ग्रीक तथा संस्कृत नाटकों में, नाटक के अंशों को अलग-अलग दिखाने के लिए अंकों का विधान होता है। आधुनिक रंगमंच नाटकों में स्थल के परिवर्तन एवं समय के अंतराल को दर्शाने के लिए प्रत्येक अंक

के बाद परदा गिराया जाता है। जबकि रेडियो नाटक के दृश्य किसी भी स्थान पर, किसी भी समय की, कोई भी घटना प्रस्तुत करते हैं। अतः रेडियो नाटक संकलन के बंधनों से मुक्त होता है। कार्य संकलन, काल संकलन और स्थान संकलन की शर्तें जो एकांकी का प्राण हैं, रेडियो नाटक की सीमा में प्रवेश नहीं करते।

रेडियो नाटक, भाव और विचार की अभिव्यक्ति ध्वनि के माध्यम से करता है तथा विचार प्रधान अथवा वातावरण प्रधान नाटक रेडियो से सफलतापूर्वक प्रसारित होते रहे हैं। रेडियो नाटक में भावना पक्ष मंच नाटक की अपेक्षा अधिक शक्तिशाली होता है। मन के आंतरिक संघर्ष को जितनी स्पष्टता से रेडियो नाटक में व्यक्त किया जा सकता है उतना और किसी माध्यम में नहीं। रेडियो नाटक के बारे में वरिष्ठ नाटककार श्री विष्णु प्रभाकर ने अपने विचार इस प्रकार व्यक्त किए हैं—"एक ग्रामीण व्यक्ति ने रेडियो नाटक को अंधों का सिनेमा कहा था। ये शब्द सुनने में भले ही अटपटे लगें, पर अर्थ इनका बहुत सही है। इस प्रकार रेडियो नाटक ने समय और स्थान की समस्या को ही नहीं सुलझाया, आँखों की जरूरत को भी खत्म कर दिया। एक ही साथ सारी दुनिया, कानों के द्वारा रेडियो के किसी स्टेशन से प्रसारित नाटक को देख सकती है। आपको कहीं जाने की जरूरत नहीं। जहाँ कहीं भी आप हैं बियाबान जंगल में, हवाई जहाज या रेल में या वहीं अपने शयनकक्ष में, रेडियो की कल घुमाइए और नाटक देख लीजिए।"[8]

रेडियो नाटकों का प्रसारण प्रारंभ से ही मनोरंजन के उद्देश्य से होता रहा है किंतु मनोरंजन के साथ ही इन नाटकों द्वारा समस्याओं को भी श्रोताओं के सामने प्रस्तुत किया गया है। न केवल सामाजिक तथा ऐतिहासिक समस्याएँ बल्कि मनोवैज्ञानिक समस्याएँ भी। ऐसे नाटकों में बाह्य संघर्षों की अपेक्षा पात्रों के आंतरिक संघर्ष प्रस्तुत किए गए। वस्तुतः ऐसे भावों को प्रसारित करने के लिए रेडियो ही उपयुक्त माध्यम है। रेडियो नाटककार रेवती सरन शर्मा, सत्येंद्र शरत्, कर्तार सिंह दुग्गल तथा अन्य नाटककारों ने इस प्रकार के अपने नाटकों में आज के व्यक्ति के जीवन की कहानियाँ प्रस्तुत की हैं।

"मैं अपना नाटक 'ऊपर की मंज़िल' पढ़ने लगा। नाटक एक मॉनोलाग था। जैसे-जैसे मैं नाटक पढ़ रहा था, राम मराठे परेशान हो रहा था। कुर्सी पर बैठा बार-बार करवटें बदलता। उसके चेहरे पर एक रंग आता, एक रंग जाता। इसे क्या हो रहा है? बार-बार मेरा दिल पूछता। एक बार नाटक आरंभ करके मैं उसे पढ़ता ही गया। यह देखकर पसीना छूटने लगा कि जब मैं नाटक की अंतिम घटना पर पहुँचा, डॉ. राम मराठे अविरल आँसू बहा रहा था। मेरे साथ बैठे यू. एल. बरुआ का चेहरा लाल हो गया। जाहिर था, इन परिस्थितियों में नाटक के बारे में कोई बातचीत नहीं हो सकती थी। मैं डॉ. राम मराठे के सामने नाटक रखकर कमरे में आ गया। उस शाम बरुआ हमारे घर आए। मुझसे पूछने लगे, "दुग्गल, आपने यह नाटक कब लिखा

था?" "दिल्ली में।" मैंने बताया। "तुम्हें पता है यह नाटक हू-ब-हू डॉक्टर मराठे की अपनी कहानी है। जैसे किसी ने उसका चित्र खींचा हो।" बरुआ ने बताया। मैं सुनकर हैरान रह गया।"[9]

अपने इस रेडियो नाटक के बारे में भी कर्तार सिंह दुग्गल ने अपनी आत्मकथा में लिखा है कि आगे चलकर यह नाटक बलराज साहनी ने, रंगमंच पर भी पंजाब के कुछ शहरों तथा बंबई में प्रस्तुत किया था।

इसी प्रकार श्री रेवती सरन शर्मा ने अपने नाटकों 'चिराग की लौ', 'आँसू', 'नग्मे की मौत', 'क्रिसमस की शाम', 'एक लम्हा पहले', 'अभागिन', 'मुझे जीने दो', 'उतार-चढ़ाव', 'रोशनी', 'अँधेरा उजाला', 'पत्थर के आँसू', 'दुश्मन' आदि में व्यक्ति के जीवन की कहानियों के साथ ही मनोवैज्ञानिक समस्याओं को उभारकर सामने लाया है।

श्री सत्येंद्र शरत् ने अपने बहुचर्चित रेडियो नाटक 'मन की साध' में माता के पुत्र प्रेम की कहानी प्रस्तुत की है। माँ अपने बेटे की जीवन रक्षा के लिए अपने ही जीवन का त्याग करती है।

क्या मानव जातियों के कष्ट अलग-अलग होते हैं? क्या एक नीग्रो और एक गोरे व्यक्ति का दर्द एक जैसा है? इसी पर आधारित 'द स्टोरी दे विल नेवर प्रिंट' नाम के अपने रेडियो-नाटक में बहुचर्चित नाटककार इरिक बर्नोव ने एक विवादित विषय पर रचना की है। अपने इस नाटक के बारे में उन्होंने कहा है कि अधिकतर श्रोता ऐसे होते हैं जो संस्थाओं, राउंड टेबलों तथा टीकाकारों के सपंर्क में नहीं आते किंतु वे समस्याओं और विवादास्पद मुद्दों को बखूबी समझ सकते हैं, यदि ऐसे विषय रेडियो नाटकों द्वारा प्रस्तुत किए जाएँ। आम जनता को मनोरंजन के साथ-साथ जानकारी देने की गरज़ से यह जरूरी हो जाता है कि रेडियो नाटक में ऐसे मुद्दों पर बात हो। यदि ऐसा न हो सका तो रेडियो नाटक मुरझा जाएगा। क्योंकि यह लोक-जीवन में अहम भूमिका निभाता है।[10]

हिंदी रेडियो नाटककार, उदयशंकर भट्ट ने भी दो जातियों के पारस्परिक द्वेष को एक समस्या नाटक द्वारा ही चित्रित किया है। अपने नाटक 'समस्या का अंत' में उन्होंने वन्य जातियों की कटुता और शत्रुता के लिए मानविका के बलिदान को दर्शाया है। मानविका, ऋतबुद्धि से प्रेम करती है और दोनों जातियों को मिलाने के लिए अपने प्राण दे देती है।

समस्या नाटक, आदर्शवादी नाटक, ऐतिहासिक, पौराणिक अथवा सामाजिक नाटक हो; शब्द द्वारा ही घटनाओं का चित्रण होता है जो अभिनेता-अभिनेत्रियों के स्वर में संचार उपकरणों के माध्यम से प्रसारित होकर श्रोताओं तक पहुँच कर उन्हें प्रभावित करता है।

कथानक

कथानक, घटनाओं को कार्य-व्यापार द्वारा जोड़ते हुए नाटक का 'स्ट्रक्चर' निर्धारित करता है। रंगमंच नाटक के लिए प्रतिपादन कथा के प्रकट होने, भविष्य की घटना की ओर संकेत, कार्य-संकलन, काल-संकलन तथा स्थान-संकलन पर जोर दिया जाता है किंतु रेडियो नाटक संकलन के बंधनों से मुक्त है। इसमें आने वाली घटनाओं की पूर्व सूचना आदि के विस्तार के लिए समय नहीं होता क्योंकि नाटक को 30 मिनट की अवधि में प्रसारित होना होता है, अतः कथानक आरंभ से ही पूरे वेग के साथ आगे बढ़ता है। अच्छे रेडियो नाटक में प्रधान-कथानक वैयक्तिक संघर्ष पर आधारित होता है तथा विश्वास करने योग्य कहानी का समाधान आधे घंटे की अवधि में प्रस्तुत होता है। इसमें उपकथानक नहीं होते हैं।

"अच्छे रेडियो नाटक की कहानी सीधी, सरल और घटना-प्रधान होती है। वह जटिल और अधिक उलझी हुई नहीं होती है। उसमें अधिक उपकथानक नहीं होते। पात्र भी अधिक नहीं होते क्योंकि केवल आवाज़ के सहारे पात्रों को पहचानने में कठिनाई होती है।"[11] कथानक के विकास के लिए नाटक का मध्य भी महत्त्वपूर्ण भाग माना गया है जहाँ संघर्ष आगे बढ़ता है। जब संघर्ष उत्कर्ष पर पहुँच जाता है और फिर समाधान प्राप्त करता है तो कथा का समापन होता है।

"लेजास एग्री ने नाटक को गत्यात्मक कला मानते हुए कथानक-निर्माण का जो सूत्र दिया है वह व्यावहारिक है और नया नाटककार उससे लाभ उठा सकता है। एग्री का तो मानना है कि उसने जो नियम दिए हैं वे द्वंद्वात्मक विकास के शाश्वत प्राकृतिक नियम पर आधारित हैं। परिवर्तनशीलता सृष्टि का नियम है—दुनिया में हर चीज परिवर्तनशील है, सिर्फ अपरिवर्तनशील है—परिवर्तन का नियम। नाटक की स्थिति और पात्रों को अंत तक जाते-जाते बदलना ही चाहिए। ध्यातव्य है कि सजीव पात्र ही बदल सकते हैं। प्रसिद्ध नाटकों का विश्लेषण करके उसने निष्कर्ष निकाला है कि सभी नाटकों के कथानक किसी न किसी प्रतिज्ञा-सूत्र पर आधारित हैं। जिसे दूसरे समीक्षक थीम, बीज-विचार, मुख्य-विचार, लक्ष्य, उद्देश्य आदि कहते रहे हैं, उसे अस्पष्ट और अपर्याप्त मानते हुए एग्री ने प्रतिज्ञा-सूत्र की प्रस्तावना की है। उसकी मान्यता है कि प्रतिज्ञा-सूत्र से कथानक सहज रूप में निर्मित होगा, उसमें संघर्ष का तत्त्व आएगा, जीवंत पात्रों की भी सृष्टि होगी।....कथानक निर्माण नाट्य-लेखन के लिए अनिवार्य है। नाटककार को पता होना चाहिए कि वह नाटक के अंत द्वारा श्रोताओं पर क्या प्रभाव डालना चाहता है, और उसी के अनुसार उसे नाटक का कथानक बनाना है। एक नाट्य-चिंतक कहता है कि अंत से शुरू करो और आरंभ तक चले आओ, और तब प्रारंभ से लिखना शुरू करो। बात सही है। कहानी प्रारंभ से चलकर किसी बिंदु पर समाप्त हो सकती है, उसमें बीच-बीच में

इधर-उधर भटकने के लिए अवकाश भी है, पर रेडियो नाटक की सीमित अवधि में इसके लिए छूट नहीं है—उसे तो एक निश्चित अवधि में एक निश्चित बिंदु पर पहुँचना ही है।"[12]

नाटक में चरमोत्कर्ष का बिंदु तिकोन के उस शिखर की भाँति होता है जो उसका उच्चतम बिंदु होता है। वहीं पर कथा समाप्त होती है। प्रारंभिक घटनाओं और फिर संघर्ष द्वारा कथानक का विकास होता है। अतः मार्मिक घटनाओं के द्वंद्वमूलक विकास द्वारा ही एक निश्चित अवधि में एक निश्चित बिंदु तक पहुँचना संभव हो जाता है।

पात्र संरचना

'पात्र का कार्य व्यापार ही कथानक है।'[13] एलवुड का यह विश्लेषण बिल्कुल सही है। क्योंकि घटनाओं की उत्पत्ति पात्रों की इच्छाओं तथा उनके उद्देश्य पर आधारित होती है। रंग-नाटक में मंच पर पात्र के आविर्भाव से ही उसके व्यक्तित्व को प्रकट किया जाता है जबकि रेडियो नाटक में पात्रों की भावनाएँ उभारी जाती हैं। रंगमंच का नाटककार किसी पात्र के संवाद से पहले उसकी आयु, उसके चेहरे, उसकी आँखों, उसकी वेशभूषा आदि का विवरण देता है कि वह पात्र कैसा दिखेगा। उसके पश्चात् उसके संवाद द्वारा उसके उद्देश्य को प्रकट किया जाता है। पात्र का बाह्य-रूप उसके आंतरिक संघर्ष की ओर भी संकेत करता है कि जबकि रेडियो नाटक में पात्रों को केवल अभिनेता/अभिनेत्री की आवाज़ के द्वारा ही प्रकट किया जाता है।

"रेडियो नाटक में उसके पात्र दीखते नहीं हैं केवल उनकी आवाज़ के सहारे ही उन्हें पहचाना जाता है, इस कारण रेडियो नाटक में चरित्र-चित्रण का महत्त्व बहुत बढ़ जाता है। रेडियो नाटक के पात्र इस प्रकार चित्रित किए जाते हैं कि वे एक-दूसरे से बिल्कुल अलग लगें। उनके व्यक्तित्व को उभारने के लिए, उनके स्वभाव, उनकी प्रवृत्तियों, उनकी विचारधारा, उनकी आदतों, उनकी शब्दावली, उनके मुहावरों और उनके तकिया कलाम में एकरूपता नहीं होती। उनमें विषमता (कॉन्ट्रास्ट) स्पष्ट दीखती है।

रेडियो नाटक के पात्र संसार में रहने वाले व्यक्ति होते हैं और परिस्थितियों तथा घटना-चक्र के कारण जब वे एक-दूसरे से व्यवहार करते हैं, या कोई निर्णय लेते हैं या कोई ऐसा कदम उठाते हैं जिसका उचित या अनुचित प्रभाव नाटक के कथानक पर, या नाटक के अन्य पात्रों पर पड़ता है—तभी उनका चरित्र उभरकर आता है। यदि नाटक के सभी पात्र एक जैसे हो जाएँ और एक ही प्रकार बात करने लगें तो नाटक आगे नहीं बढ़ पाएगा, वहीं स्थिर हो जाएगा। इस कारण रेडियो नाटक के पात्रों में वैषम्य और सैद्धांतिक मतभेद होना आवश्यक है।"[14]

संवाद

पात्रों के विचारों को संवाद द्वारा व्यक्त किया जाता है तथा घटनाओं का वास्तविक प्रभाव बोले जाने वाले शब्दों से ही प्रकट होता है। रेडियो नाटक के संवाद सरल होने के साथ ही पात्र और स्थिति के अनुकूल होते हैं। संवाद द्वारा ही, एक पात्र का अन्य पात्रों से संबंध दर्शाया जाता है। ये संवाद मौखिक भाव-प्रक्रिया के अनुकूल होते हैं। क्योंकि सभी वाक्य अभिनेता/अभिनेत्रियों को अभिनय के लिए एक पैटर्न प्रधान करते हैं जिसके द्वारा श्रोता को एक सामान्य बातचीत का आभास मिलता है। भाषा के इस उच्चारित स्वरूप में एक प्रवाह होता है। यथा—

श्रीमती कैलर : आर्थर! आर्थर!
कैप्टिन कैलर : क्या है?
श्रीमती कैलर : आर्थर, एक मिनट ऊपर तो आना।
कैप्टिन कैलर : क्यों, क्या हुआ?
ध्वनि-प्रभाव (भाग कर सीढ़ियाँ चढ़ना और फिर रुक जाना)
कैप्टिन कैलर : (हाँफते हुए) क्या है?
श्रीमती कैलर : कुछ समझ नहीं आ रहा आर्थर।
कैप्टिन कैलर : क्यों, मेरी बच्ची हेलेन आज तो ठीक है ना?
श्रीमती कैलर : मैं कुछ नहीं कह सकती। आर्थर तुम नीचे बैठकर खुद इसे देखो। मुझे लगता है.....

(ऐथिल डेंकिलमेन के चर्चित रेडियो नाटक 'हेलेन कैलर' से)

संवाद तथा संवाद में उच्चारित शब्दों द्वारा ही भावों को स्पष्ट रूप से प्रस्तुत किया जाता है।

अच्छा कथोपकथन रेडियो नाटक की जान है। इसके अतिरिक्त अच्छे रेडियो नाटक में कथोपकथन श्रोताओं की कल्पना के नेत्रों के सामने निम्नलिखित शब्द-चित्रों का निर्माण कर उनके संबंध में आवश्यक जानकारी भी प्रदान करता है—

नाटक का युग, काल (ऐतिहासिक, आधुनिक, वैज्ञानिक-कल्पना पर आधारित), नाटक का स्थान (जहाँ सारी घटनाएँ हो रही हों), नाटक की पृष्ठभूमि, नाटक का दृश्यबंध, नाटक का मूड, नाटक की मनोवृत्ति (नाटक समस्यामूलक है, या हास्य रस का, या फैंटसी है, या पद्य नाटक है) आदि-आदि।

"अच्छे रेडियो नाटक में एक भी अनावश्यक संवाद की गुंजाइश नहीं है, चाहे वह कितना ही सुंदर और अनूठा क्यों न हो। रेडियो नाटक के संवाद अपने आप में पूर्ण होते हैं। कहानी या कार्य-व्यापार को ठीक तरह व्यक्त करने के लिए उन्हें पूरक संवादों की आवश्यकता नहीं होती। आवश्यक जानकारी देने के साथ-साथ वे

कहानी को भी आगे बढ़ाते हैं।"[15]

संवाद जहाँ कहानी को आगे बढ़ाते हैं वहीं रचना की साहित्यिकता भी निर्धारित करते हैं। संवाद के अतिरिक्त रेडियो नाटक में कभी-कभी नैरेशन द्वारा भी दृश्यस्थितियों का विवरण दिया जाता है। किंतु ऐसी नैरेशन का प्रयोग प्रायः रेडियो फीचर तथा रूपक में होता है। यथा–

नैरेटर : अखबारों में यह खबर कभी नहीं छपेगी कि कई वर्षों पहले स्मिथ एण्ड हेरिस प्लांट में क्या हुआ था.....शायद यही कारण है कि हमें इसके बारे में बताना चाहिए। क्योंकि यह कहानी आदमी पर हो रहे अत्याचार की है। इसलिए दुनिया के तमाम लोगों को यह कहानी सुननी चाहिए।

(लहजा बदलकर) यह कहानी एक ऐसी बड़ी फैक्ट्री में घट चुकी है जो शहर से बाहर कई मीलों तक फैली हुई है। मगर अभी यह कहानी एक-कमरे वाले घर से शुरू होती है जिसमें जैक और उसकी पत्नी एली रहते हैं। यह शहर का वह भाग है जहाँ केवल नीग्रो रहते हैं। सुबह के 6 बज रहे हैं।

संगीत : (हल्का संगीत उभरता है)

ध्वनि-प्रभाव : (बरतनों के खड़खड़ाने की ध्वनि)

एली : जैक, और कॉफी दूँ?

जैक : इतनी सुबह उठ कर तुमने मेरे लिए इतना अच्छा नाश्ता तैयार किया।

एली : तुम्हें काम पर जाना है।

जैक : तुम अब कुछ देर के लिए सो जाना।

एली : मैं कहाँ सो पाती हूँ। आज भी सारी रात जागती रही।

जैक : सारी-सारी रात जागना। तुम्हारी यह हालत मेरे लिए तकलीफदेह है। तुम मेरी चिंता क्यों करती हो। मैं जाकर आठ घंटे तक मशीन पर काम करूँगा और फिर लौट आऊँगा।

एली : मैं जानती हूँ कि वहाँ काम करना कितना मुश्किल है। मैं जानती हूँ कि तुम एक शब्द भी नहीं बोलते, जबकि वहाँ लोग तुम्हें बुरा-भला कहते रहते हैं। बस में जाते हुए जब लोग जानबूझ कर तुम्हें धक्के देते रहते हैं तब भी तुम अनदेखा करते हो। यह सब सह पाना कितना कठिन है, मैं जानती हूँ।

('द स्टोरी दे विल नेवर प्रिंट' से)

इस प्रकार रेडियो नाटकों, फीचरों तथा काव्य-नाटकों के दृश्यों के प्रारंभ अथवा उनकी कड़ियों को जोड़ने के लिए संवाद के अतिरिक्त नैरेशन का भी प्रयोग होता है।

संघर्ष

नाटक का प्रभावपूर्ण प्रारंभ स्थापित होने के साथ, जिसमें प्रस्तुत होने वाली कहानी की ओर संकेत होता है, स्थान और स्थिति को भी स्थापित किया जाता है। जब घटनाओं का सिलसिला शुरू होता है तो कार्य-व्यापार द्वारा कहानी आगे बढ़ने लगती है। फिर वह क्षण आ जाता है जब अचानक ऐसी दशा प्रकट होती है जो जटिलताओं व संघर्ष को जन्म देती है। जटिलताएँ बढ़ने लगती हैं। पात्र उन जटिलताओं से जूझते रहते हैं। जिसके कारण भावनाएँ तीव्र हो जाती हैं, अनिश्चितता बढ़ती है तथा जटिलताओं द्वारा संघर्ष जारी रहता है। संघर्ष, व्यक्ति का व्यक्ति से, व्यक्ति का स्वयं से तथा व्यक्तियों का व्यक्तियों से हो सकता है। प्रायः नाटककार एक ऐसे प्रधान-पात्र की रचना करते हैं जो अपने उद्देश्य की पूर्ति के लिए प्रयास करता है किंतु उसे बाधाओं का सामना करना पड़ता है।

रेडियो नाटक में एक से अधिक संघर्ष भी होते हैं; जैसे मुद्राराक्षस के रेडियो नाटक 'एक और रोबो' (एक वैज्ञानिक परिकल्पना) में डॉ. रहमान का अपने ही द्वारा निर्मित रोबो-63 के उपद्रव के कारण, अपने ही आविष्कृत रोबो को नष्ट करने का संघर्ष; या भगवतीचरण वर्मा के 'सामर्थ्य और सीमा' में गाँववासियों और प्रमुख चरित्रों का प्रकृति के कोप से सामना करने का संघर्ष; या नाटक के प्रमुख पात्र का अपने आप से ही संघर्ष (शेक्सपियर का हेमलेट)...

वर्तमान जीवन की जटिलताएँ अपने परिवेश से असहमति, समाज की विषम परिस्थितियाँ तथा सामाजिक-आर्थिक समस्याएँ (सोशियो-इकॉनॉमिक प्रॉब्लम्स) भी अनेक प्रकार के संघर्षों को जन्म देती हैं, जो प्रायः रेडियो नाटक की रीढ़ के रूप में दीखते हैं।[16]

चरमोत्कर्ष

कार्य-व्यापार की पराकाष्ठा चरमोत्कर्ष है। असंतुलन की स्थिति में शांति उत्पन्न करने वाला क्षण, जब पात्र मानसिक तथा भावनात्मक तनाव में उलझे होते हैं। नाटककार घटनाओं की ऐसी रचना करता है जिनके द्वारा चरित्र तीव्र विरोध की स्थिति में जकड़े जाते हैं। तब फिर निर्णयकारी घटना घट जाती है जो प्रधान-पात्र अथवा नायक के भाग्य का फैसला करती है। सभी उलझनें समाप्त होती हैं। द्वंद्व समाप्त होता है। ''चरमोत्कर्ष पर पहुँचकर रेडियो नाटक में प्रस्तुत द्वंद्व और संघर्ष शांत होने लगते हैं। आशा अथवा आशंका अपना अंतिम या निर्णयात्मक स्वरूप पाने लगती है। नाटकीय संघर्ष का समस्त वेग तीव्रता से उफन कर शांत हो जाता है और नाटक का समस्त विधान उन्मुक्ति प्राप्त कर लेता है। रेडियो नाटक के चरमोत्कर्ष के उपरांत नाटक की विषय-वस्तु या उसके कथानक, पात्र या नाटक में दिए गए किसी

संकेत/संदेश के विषय में कोई प्रश्न अनुचरित नहीं रहते। सभी नाटकीय समस्याओं का समाधान हो जाता है और नाटक के सभी उपकथानक (यदि नाटक में हों तो)—नाटक की मूल धारा के साथ मिल जाते हैं।

चरमोत्कर्ष ही रेडियो नाटक का वह स्थल है, जहाँ नाटक के सब सहमत, विवादमुक्त निर्णय या परिणाम तीव्र केंद्र बिंदु (फोकस) में आ जाते हैं। अच्छे रेडियो नाटक में अपकर्ष (एंटिक्लाइमेक्स) के लिए कोई स्थान नहीं होता।''[17]

ध्वनि-प्रभाव

रेडियो नाटक में ध्वनि प्रभावों का विशेष महत्त्व होता है। ये ध्वनि-प्रभाव नाटक के स्थल को स्थापित करते हैं जैसे—बाजार, ऑफिस, रेलवे स्टेशन, एयरपोर्ट, रेस्तराँ आदि। प्रसंग के संदर्भ में इन ध्वनियों को उभारा जाता है। यदि किसी दृश्य में एक इंजीनियर किसी वर्कर के साथ फैक्ट्री में बात करते हुए प्रस्तुत किया गया है तो पृष्ठभूमि में मशीनों के चलने का ध्वनि-प्रभाव प्रयोग में लाया जाएगा। प्रसंग से मेल खाती हुई ध्वनियों का उल्लेख नाटककार, अपनी रचना में ठीक उसी प्रकार करता है जिस प्रकार रंग-नाटक में संवादों के साथ-साथ अन्य निर्देशों का किया होता है।

पार्श्व-संगीत

पात्रों की मनोदशा, वातावरण के निर्माण तथा विशेष प्रकार के भाव उभारने के लिए पार्श्व-संगीत को प्रयोग में लाया जाता है। यदि नाटक की कथा किसी ऐतिहासिक घटना से संबंधित है तो राजा की विजय पर प्रजा के हर्षपूर्ण उत्साह को व्यक्त करने के लिए उपयुक्त संगीत को प्रयोग में लाया जाएगा। प्रसंगानुरूप विशेष प्रकार के भाव को प्रकट करने के लिए संगीत अलग से कंपोज होता है।

''किसी विशिष्ट स्थान तथा परिवेश की सूचना के लिए संगीत महत्त्वपूर्ण भूमिका निभाता है। जिस प्रदेश का नाटक हो वहाँ की पृष्ठभूमि के लिए वहाँ का लोकसंगीत या उसकी धुन का उपयोग किया जाता है। यथा—मोहन राकेश के 'दूध और दाँत' में पंजाब प्रदेश की पृष्ठभूमि के लिए—पंजाबी गीत के बोल और बस्तर क्षेत्र की सूचना के लिए कृष्ण किशोर श्रीवास्तव के 'लमसेना' में उस क्षेत्र के आदिवासी गीत के बोल का संयोजन कर इन नाटकों की पृष्ठभूमि जीवंत हो उठी है।''[18]

दृश्य-परिवर्तन की सूचना के लिए भी पार्श्व-संगीत को प्रयोग में लाया जाता है। ''अल्पकालिक अथवा प्रासंगिक संगीत का उपयोग किए बिना, रेडियो नाटक के पास ऐसा कोई उपकरण नहीं है जिससे श्रोता की समझ में आ जाए कि पिछले दृश्य और वर्तमान दृश्य में काफी समय निकल चुका है और घटना-स्थल भी बदल गया है।.....रेडियो नाटक में कई बार ऐसे दृश्य आ जाते हैं जिनमें संगीत का उपयोग अनिवार्य हो जाता है। सामने वाले व्यक्ति को कोई विस्मृत घटना या भूली हुई बात

याद दिलाने के लिए नाटक वर्तमान से सहसा अतीत में चला जाता है। ऐसी स्थिति में पूर्व-दृश्य (फ्लैश बैक) को स्थापित करने के लिए एक विशेष प्रकार के संगीत (फ्लैश बैक म्यूजिक) का आश्रय लेना होगा अन्यथा श्रोता उलझन में पड़ जाएँगे। इसी प्रकार पूर्व दृश्य या स्मृति दृश्य (फ्लैश बैक) की समाप्ति पर भी फ्लैश बैक संगीत का प्रयोग करके ही फिर वर्तमान में लौटा जाता है।"[19]

संदर्भ

1. रेडियोस बेस्ट प्लेज़ (Radio's Best plays), संपादक : जोसफ लिस, ग्रीनबर्ग पब्लिशर्स, न्यूयार्क, 1947 (भूमिका, पृ. xii)।
2. रेडियो नाटक पर लेख, श्री सत्येंद्र शरत् (पत्राचार पाठ्यक्रम एवं अनुवर्ती शिक्षा विद्यालय, दिल्ली विश्वविद्यालय संकलन 2003, संपादक : डॉ. दिनेश कुमार गुप्ता), पृ.1।
3. रेडियोस बेस्ट प्लेज़, संपादक : जोसफ लिस, ग्रीनबर्ग पब्लिशर्स, न्यूयार्क, 1947, पृष्ठ 35।
4. स्वातंत्र्योत्तर हिंदी रेडियो नाटक : एक अनुशीलन, डॉ. बाबूराम नंदनवार, भावना प्रकाशन, दिल्ली, 1999, पृष्ठ 22।
5. लेख–श्री सत्येंद्र शरत् (पत्राचार पाठ्यक्रम एवं अनुवर्ती शिक्षा विद्यालय, दिल्ली विश्वविद्यालय, संकलन-2003, संपादक : डॉ. दिनेश कुमार गुप्ता), पृ. 1।
6. वही, पृ.2।
7. हिंदी नाट्य कला तथा रेडियो नाटक; डॉ. राधेश्याम वाजपेयी, अटलांटिक पब्लिशर्स, नई दिल्ली, 1977, पृ. 101।
8. वही, पृ. 137।
9. किस पहि खोलऊ गंठडी, कर्तार सिंह दुग्गल, नेशनल बुक ट्रस्ट इंडिया, 2004, पृष्ठ 392।
10. रेडियोस बेस्ट प्लेज़, संपादक : जोसफ लिस, ग्रीनबर्ग पब्लिशर्स, न्यूयार्क, 1947, पृ. 202।
11. लेख–श्री सत्येंद्र शरत् (पृ.2)।
12. रेडियो नाटक की कला, डॉ. सिद्धनाथ कुमार।
13. ऑरियंटेशन टु द थियेटर (Orientation to the theatre) थियोडोर हैटालिन, पीटर ओविन, लंदन, 1962, पृ. 43।
14. लेख–श्री सत्येंद्र शरत् (पृ. 3)।
15. वही (पृ. 4)।
16. वही (पृ. 6)।
17. वही (पृ. 7)।
18. स्वातंत्र्योत्तर हिंदी रेडियो नाटक : एक अनुशीलन (पृ. 86/87)।
19. लेख–श्री सत्येन्द्र शरत् (पृ.7)।

रंग नाटक, पाठ्य नाटक तथा रेडियो नाटक में अंतर

नाटक और इसकी रचना-कला हमारे देश में बहुत पुरानी है। सन् ईसवी से पहले भास ने संस्कृत में नाटक लिखे थे। तीसरी शताब्दी के आसपास शूद्रक ने नाटक लिखे और फिर कालिदास के नाटक 'विक्रमोर्वशीय, मालविकाग्निमित्र' तथा 'अभिज्ञान शाकुन्तल' जैसे नाटक हमें प्राप्त हुए। इन नाटकों से बहुत पहले नाट्य-सूत्र रचे गए थे और सन् ईसवी के आसपास नाट्यशास्त्र संगृहीत हुआ था।[1] ये रंग नाटक दर्शकों के सम्मुख प्रस्तुत होने के लिए लिखे जाते जो अभिनेताओं द्वारा अभिनीत होते। नाट्यशास्त्र यह निर्दिष्ट करता है कि नाटक मूलतः एक दृश्य-श्रव्य निर्माण है जिसको देखने से प्रसन्नता हो, सुख हो। जो सुंदर और शिष्ट हो। जिसमें उत्साह हो। नाटक से उदास थके हुए दुःखी लोगों का मन बहलाव हो। नाट्य 'लोकचरित' को दिखाता हो, जो कुछ विश्व में हो रहा हो उसका चित्रण करता हो।[2] नाट्यशास्त्र में न केवल नाटकों के प्रदर्शन और स्वरूप बल्कि प्रेक्षागृहों के बारे में भी विस्तार से लिखा गया है। ये तीन प्रकार के होते थे—बड़ा, मध्यम तथा छोटे आकार का। अनेक घटनाओं एवं पात्रों वाले नाटक के लिए बड़े प्रेक्षागृह; दृश्य एवं श्रव्य, जहाँ दोनों ही अंश महत्त्वपूर्ण हों उसके लिए मध्यम आकार का तथा जहाँ देखने से सुनना अधिक आवश्यक हो उसके लिए छोटे प्रेक्षागृह का सुझाव है। अतः जो भी नाटक लिखे जाते उनका मंचन दर्शक के सम्मुख निश्चित था। ये नाटक समाज के सभी वर्गों के लिए होते। इनमें जहाँ राजा की कथा होती वहीं साधारण-व्यक्ति तथा एक सेवक की भी कहानी दर्शाई जाती। इसी कारण नाटक कई प्रकार के होते। दस अंकों वाला, चार अंकों वाला या फिर एक अंक वाला। जैसे—

- अनेक अंकों वाली रचना जिसमें एक दिव्य पुरुष की प्रसिद्ध कहानी होती नाटक कहलाता।
- पाँच से दस अंकों में विभाजित, एक कल्पित कथा जो किसी राजा के

जीवन को दर्शाती हो प्रकरण कहलाती।

- सम्मान व श्रद्धा के पात्र, किसी नायक की कथा, जो तीन अंकों में दर्शाई जाती, समवकार कहलाती।
- युद्ध की पृष्ठभूमि में रचा नाटक जिसमें संघर्ष, हलचल और उत्तेजना हो, पात्र दैवी हों, ईहामृग कहलाया।
- जो नाटक शृंगार अथवा हास्य रस पर आधारित न होकर अन्य किसी रस की अनुभूति कराता हो, 16 पात्रों द्वारा चार अंकों में दर्शाया गया हो डिम कहलाया।
- केवल एक दिवस की घटनाओं पर आधारित एक अंक वाला नाटक व्यायोग कहलाया।
- एक ऐसा नाटक जिसमें अत्यधिक पीड़ा वाले क्षण आएँ, कष्टदायी संवाद हो, करुण रस की प्रधानता हो अंक बतलाया गया।
- जिस नाटक में व्यंग्य हो, आम बोलचाल की भाषा में संवाद हों; सेवक, नटखट, शैतान और हिजड़े पात्र हों और जो असाधारण वेशभूषा में मंच पर प्रकट होते हों प्रहसन बतलाया गया।
- एक अंक वाला एक ही अभिनेता द्वारा प्रस्तुत नाटक जो दूसरे पात्रों की भूमिका भी स्वयं ही निभाता हो भाण कहलाया।
- किसी भी रस पर आधारित एक अंक में प्रदर्शित होने वाला नाटक वीथी कहलाता था और इसके भी नाट्यशास्त्र में 13 प्रकार बतलाए गए हैं।

दस प्रकार के इन नाटकों का वर्णन यह स्पष्ट कर देता है कि नाटक का लोगों के सामाजिक और सांस्कृतिक जीवन में एक निश्चित स्थान रहा है। ये नाटक प्रेक्षागृह में आए दर्शकों के सामने अभिनीत होने के लिए रचे जाते। भारतेंदु युग से पहले जात्राओं, स्वांगों तथा रासों की लोक-परंपरा भी रही है। ये लोकनाटक मुक्त आकाश तले खेले जाते।

आधुनिक रंग नाटक भी प्रेक्षागृह में खेले जाने के साथ ही खुले रंगमंच पर खेला जाता रहा है। धर्मवीर भारती का 'अँधा युग' दिल्ली के पुराने किले में खेला गया था। गिरीश कर्नाड का तुगलक और 'हयवदन' भी खुले रंगमंच पर खेले गए थे जबकि मोहन राकेश का 'आधे अधूरे' प्रेक्षागृह में खेला जाता रहा है।

'उन्नीसवीं शताब्दी से ऐतिहासिक नाटक का लेखन भारतीय नाट्य-परंपरा का महत्त्वपूर्ण पक्ष रहा है। बांग्ला, मराठी, हिंदी और उर्दू के अनेक विशिष्ट नाटकों का ताना-बाना ऐतिहासिक तथ्यों और चरित्रों के इर्द-गिर्द बुना गया। नाट्य-क्षेत्र का यह पक्ष अभिनेताओं और दर्शकों—दोनों के लिए समान रूप से आकर्षक और सुखदाई

रहा है, ऐतिहासिक नाटकों में बड़े पैमाने पर लंबे, तेज़-तर्रार ढंग से बोले गए वाद-संवादों और दुस्साहसपूर्ण हावभाव के अभिनय की एवं बृहदाकार दृश्य-बंधों और वेशभूषा की गुंजाइश रहती है।....भारतीय रंगमंच के विकास में छठा दशक अनेक कारणों से बहुत ही समृद्ध और महत्त्वपूर्ण कालों में से एक माना जाएगा। सबसे स्पष्ट और प्रमुख कारण यही है कि इन वर्षों में रंगकला की आनुषंगिक शाखाओं—नाट्य लेखन, अभिनय, निर्देशन, मंच-परिकल्पना एवं प्रकाश व्यवस्था—ने विशिष्ट प्रतिभाओं के जरिए प्रौढ़ता प्राप्त कर ली।'[3]

नाट्य-आलेख को निर्देशक व्याख्यायित करता है तो अभिनेता अभिनय-कला द्वारा उस आलेख का मंचन करते हैं। यह आंगिक, वाचिक, सात्विक तथा आहार्य-अभिनय होता है। अथवा अभिनेता/अभिनेत्रियाँ अपने अंगों का संचालन कर अभिनय करते हैं, अपनी वाणी द्वारा संवाद प्रस्तुत करते हैं, भावों का अभिनय करते हैं और प्रस्तुत किए जाने वाले पात्र के अनुरूप वेशभूषा पहनते हैं। किंतु जिस आलेख में अभिनय की यह संभावनाएँ कम होती हैं, वह पाठ्य नाटक माना गया है। आध्यात्मिक उद्देश्य से लिखे गए काव्य अथवा उपाख्यानों में संवाद भी मिलते हैं मगर उन्हें अभिनेताओं द्वारा दर्शकों के सम्मुख भावपूर्ण अभिनय द्वारा प्रस्तुत नहीं किया जा सकता। साथ ही वे अरंगमंचीय नाटक जिनमें नाटकीय तनाव और चारित्रिक आवेग नहीं मिलता वे भी पाठ्य नाटक की श्रेणी में ही रखे जाएँगे। प्रसादोत्तर युग में नाट्य-साहित्य राष्ट्रीय संग्राम और सांस्कृतिक चेतना की भावना से लिखा गया लेकिन इन नाटकों में भी वक्तव्य थे अतः नाटक विधा की मौलिकता का अभाव पाया गया। ऐसी लिखित भाषा में दृश्य भाषा की कमी पाई गई। दृश्य भाषा की यही कमी पाठ्य नाटक को रंग नाटक से अलग करती है।

गीत नाट्य और काव्य नाटक को भी साहित्यिक कृतियाँ मानकर रंगमंच पर नहीं खेला गया किंतु रेडियो ने ऐसी कृतियों का स्वागत किया क्योंकि इनमें भाव-सघनता के साथ-साथ पात्रों के अंतर्द्वंद्व तथा पौराणिक और आधुनिकता का सामंजस्य मिलता था। अतः ये श्रव्य नाटक न केवल काव्य-रूपक बल्कि संगीत रूपकों के रूप में भी रेडियो से प्रसारित होते रहे।

शब्द और संवाद पर आधारित रेडियो नाटक का प्रसारण निर्धारित अवधि में होता है। ये रेडियो नाटक 60 मिनट के भी हो सकते हैं, 30 मिनट के भी तथा 15 मिनट की अवधि के भी हो सकते हैं। वैसे प्रायः तीस मिनट का नाटक ही आदर्श रेडियो नाटक माना जाता है। रंगमंच नाटक की तुलना में रेडियो नाटक की अवधि कम होने के कारण कथानक के विकास की प्रक्रिया प्रायः प्रारंभिक संवादों से ही शुरू होती है। रंगमंच नाटक और रेडियो नाटक का अंतर निम्नलिखित तालिका में स्पष्ट किया गया है—

रंगमंच नाटक	रेडियो नाटक
1. रंगमंच नाटक प्रेक्षागृह में बैठे दर्शकों के सामने दिखाए जाने के लिए रचा जाता है।	1. रेडियो नाटक, असंख्य एवं अदृश्य श्रोताओं को सुनाने के लिए लिखा जाता है।
2. रंगमंच नाटक में कार्य संकलन, काल संकलन तथा स्थान संकलन को ध्यान में रखा जाता है।	2. रेडियो नाटक संकलन के बंधनों से मुक्त होता है।
3. रंगमंच नाटक की कथा को अंकों में कहा जाता है।	3. रेडियो नाटक की कथा को दृश्यों में कहा जाता है।
4. दृश्यों का परिवेश प्रस्तुत करने के लिए मंच-सामग्री तथा सेट की आवश्यकता होती है।	4. परिवेश की स्थापना ध्वनि-प्रभावों द्वारा संभव होती है।
5. दृश्यों को प्रभावपूर्ण बनाने के लिए प्रकाश-वृत्तों तथा विशेष प्रकाश व्यवस्था का आयोजन करना पड़ता है।	5. दृश्यों को प्रभावपूर्ण बनाने के लिए संगीत/पार्श्व संगीत का प्रयोग होता है।
6. पात्रों को उनकी शक्ल-सूरत तथा उनकी वेशभूषा से जाना जाता है।	6. पात्रों को अभिनेता/अभिनेत्रियों के स्वर तथा बोलने के अंदाज से पहचाना जाता है।
7. पात्रों की संख्या अधिक होती है।	7. पात्रों की संख्या कम होती है।

संदर्भ

1. हिंदी साहित्य की भूमिका, आचार्य हजारीप्रसाद द्विवेदी, राजकमल प्रकाशन, नई दिल्ली, 1979, पृ. 147।
2. द नाट्यशास्त्र (The Natyasastra) आद्य रंगाचार्य, मुंशीराम मनोहर लाल, पब्लिशर्स, नई दिल्ली, 1999, पृ. 4।
3. इब्राहिम अलकाजी (भूमिका), तुगलक—गिरीश कर्नाड, राधाकृष्ण प्रकाशन, नई दिल्ली, 1994, पृ. 5।

रेडियो नाटक के विभिन्न प्रकार

घटनाओं में पात्रों के संघर्ष, अभिनेताओं की आवाज, संगीत, ध्वनि-प्रभावों व माइक्रोफोन की तकनीक पर आधारित रेडियो नाटक को कई भागों में बाँटा गया है। श्री सिद्धनाथ कुमार ने रेडियो नाटक के सात भेद बताए हैं—(1) नाटक, (2) रूपक, (3) रूपांतर, (4) फैंटेसी, (5) मोनोलॉग, (6) संगीत रूपक, (7) झलकियाँ। श्री सत्येंद्र शरत् ने रेडियो नाटक के आठ प्रमुख भेद बताए हैं—(1) नाटक, (2) धारावाहिक, पारिवारिक शृंखला नाटक, (3) कहानी, उपन्यास और रंग-नाटक के रेडियो रूपांतर, (4) एक पात्रीय नाटक, (5) पद्यनाटक तथा संगीत-नाटक, (6) फैंटेसी, (7) रेडियो फीचर तथा डॉक्यूमेंटरी, (8) हास्य नाटिकाएँ और झलकियाँ

स्वतंत्र रेडियो नाटक के साथ-साथ रूपांतरित नाटक तथा फीचर अथवा रूपक, रेडियो से प्रसारित होते रहे हैं। विभिन्न अवसरों पर विभिन्न प्रकार के नाटकों का प्रसारण इस बात की पुष्टि करता है कि जो विधा विशिष्ट व्यक्ति के जीवन चरित्र को चित्रित करने के लिए उपयुक्त होगी वही मनोरंजन प्रदान रचना के लिए उपयुक्त नहीं हो सकती।

रूपक : रेडियो-रूपक जैसी विधा का जन्म रेडियो ने ही दिया है। भारतीय नाट्यशास्त्र के अनुसार रूपक तथा नाटक एक-दूसरे के पर्याय हैं किंतु रेडियो का रूपक तथा नाट्यशास्त्र का रूपक एक नहीं हैं।

''रेडियो-रूपक वास्तव में अंग्रेजी के रेडियो-फीचर का हिंदी पर्याय है।....बी. बी.सी. से सन् 1923-24 में नाटकों का प्रसारण प्रारंभ हुआ तब रेडियो फीचर नाम की कोई विधा नहीं थी, पर प्रसारण कर्ताओं के मन में नए माध्यम के प्रति आकर्षण था, और नाट्य-रूपों में नए प्रयोगों का आग्रह। क्रिसमस, नववर्ष आदि के अवसरों पर विशेष कार्यक्रम तैयार किए जाते थे, और उनकी सूचना अखबारों में विशेष उल्लेख कार्यक्रमों के रूप में दी जाती थी। उन्हें फीचर्ड प्रोग्राम कहा जाता था। बोलचाल में 'फीचर्ड' के अंत के 'डी' का लोप हो गया, और उसे फीचर प्रोग्राम कहा जाने

लगा।....गिलगुड जो लगभग बीस वर्षों तक बी.बी.सी. के नाटक विभाग के अध्यक्ष रहे, लिखते हैं—"कोई कार्यक्रम जो मूलतः नाटक के रूप में नहीं है, पर जो श्रोताओं के लिए अपनी प्रस्तुति में रेडियो नाटक की टेकनीक का इस्तेमाल करता है, फीचर है।" यह नाटक नहीं, फिर भी नाटक की टेकनीक का इस्तेमाल करता है। तात्पर्य यह है कि इसमें संवाद, ध्वनि-प्रभाव, और संगीत का व्यवहार किया जाता है...लॉरेन्स गिलियम जो बी.बी.सी. में फीचर के विकास के प्रथम चरण में उससे संबद्ध रहे, ने लिखा है—"प्रसारण के संदर्भ में यह शब्द उन विभिन्न प्रकार के कार्यक्रमों का संकेत देता है जो सामान्यतः तथ्यपरक और डॉक्यूमेंट्री होते हैं, विविध पद्धतियों से प्रस्तुत किए जाते हैं, लेकिन नाटकीकरण और संपादित वास्तविकता का प्रयोग विशेष रूप से करते हैं। गिलियम ने ही नाटक से इसका अंतर बतलाने के लिए सूत्र दिया है—"फीचर तथ्य को लेकर चलता है, ड्रामा कल्पना को।" यह सूत्र इस महत्त्वपूर्ण अंतर को स्पष्ट करते हैं कि फीचर में वास्तविक घटनाओं, सूचनाओं, प्रसंगों आदि की आवश्यकता होती है, जबकि नाटक कल्पना पर आधारित होता है, यह बात दूसरी है कि सृजनात्मक कल्पना किसी-न-किसी वास्तविकता पर ही आधारित होती है।"[1]

श्री सत्येंद्र शरत् के अनुसार 'फीचर' शब्द का जन्म लैटिन भाषा के 'फैक्टुरा' से हुआ है जिसका अर्थ है—बनाना या निर्माण करना। वस्तुतः कुशलतापूर्वक निर्मित फीचर एक कलाकृति के समक्ष होता है। रूपक के अंतर्गत इतिहास, सभ्यता, संस्कृति विज्ञान, जीवन-चरित्र आदि कोई भी विषय आता है। वास्तविक तथ्यों तथा प्रामाणिक सामग्री पर आधारित ऐसी कृति की रचना एक लेखक अपनी कल्पना से करता है। ऐसी कृति में विषय का वर्णन नैरेशन द्वारा किया जाता है और केवल मुख्य नाटकीय दृश्यों का ही अभिनीत रूप प्रस्तुत किया जाता है। किंतु आलेख-रूपक (डॉक्यूमेंट्री) में विषय का सूक्ष्म परीक्षण होता है।

आलेख-रूपक (डॉक्यूमेंट्री)

आलेख-रूपक, डॉक्यूमेंट्री-फिल्म के विकास से प्रेरित है। ग्रियर्सन ने फ्रांसीसी भाषा के 'डॉक्यूमेंटेयर' शब्द को अपनाकर (जिसका अर्थ यात्राचित्र है) डॉक्यूमेंट्री को प्रचलित किया। पहला आलेख-रूपक (डॉक्यूमेंट्री) 'नाइटमेल' बी.बी.सी. द्वारा सन् 1936 ई. में प्रसारित हुआ था। ग्रियर्सन के अनुसार डॉक्यूमेंट्री ऐसी कला है जो यथार्थ जीवन की सजीव कथा को चित्रित करती है, जो यथार्थ दृश्यों पर आधारित आधुनिक जीवन की अभिव्यक्ति करती है, तथा जो जीवन के गंभीर अध्ययन और उसकी समस्याओं का विश्लेषण करती है।

"नाटक और रेडियो-रूपक में अभिनेता नाटकीय पात्रों का अभिनय करते हैं, पर आलेख-रूपक में किसी पात्र का अभिनय नहीं किया जाता—वास्तविक व्यक्ति

स्वयं अपनी भूमिका निभाते हैं। व्यक्तियों के साक्षात्कार आदि के अतिरिक्त कार्य-स्थल या घटनास्थल से संबद्ध ध्वनि-प्रभावों को भी रिकार्ड किया जाता है, और इनका भी व्यवहार उपयुक्त स्थानों पर किया जाता है।....आलेख-रूपक में रिकार्ड किए गए अंशों का व्यवहार अमूर्त को मूर्त रूप देने का शक्तिशाली साधन है। इस प्रकार के रूपक में भी नैरेटर का व्यवहार होता है जो वास्तविकता पर आधारित विभिन्न प्रसंगों को जोड़ता चलता है। आलेख-रूपक को डॉक्यूमेंट्री फिल्म का ही श्रव्य-रूप समझना चाहिए।"[2]

डॉक्यूमेंट्री के श्रव्य रूप में स्पॉट-इण्टरव्यू (स्थल पर रिकॉर्ड किया गया साक्षात्कार) नैरेशन, संगीत तथा ध्वनि-प्रभावों का प्रयोग कर एक विशेष प्रकार की प्रभावोत्पादकता लाई जाती है।

धारावाहिक नाटक

रेडियो-धारावाहिक-नाटक कई किस्तों में प्रसारित होते हैं। कुछ धारावाहिक नाटक प्रति सप्ताह प्रसारित होते हैं जबकि कई धारावाहिक प्रतिदिन चलाए जाते हैं। धारावाहिकों में प्रधान-पात्र का चरित्र विशिष्ट होता है। श्री सत्येंद्र शरत् के अनुसार रेडियो धारावाहिक नाटक दो प्रकार के होते हैं—(1) किसी क्लासिक ग्रंथ अथवा उपन्यास पर आधारित, (2) आधुनिक समय की सामाजिक, मानसिक, आर्थिक, सांस्कृतिक और पारिवारिक समस्याओं से संबंधित। ये 15 से 30 मिनट की अवधि के होते हैं तथा 13, 26 अथवा 52 किस्तों में प्रसारित होते हैं। बी.बी.सी. तथा ए.बी.सी. द्वारा प्रसारित रेडियो-धारावाहिक कई-कई वर्षों तक चले हैं। धारावाहिक नाटकों में गंभीर समस्यायें नहीं उठायी जाती हैं। ये मनोरंजक नाटक होते हैं जो श्रोताओं का मनोरंजन करते हैं। धारावाहिक की हर किस्त को जिज्ञासा के ऐसे बिंदु पर छोड़ा जाता है जो अगली किस्त के लिए उत्सुकता बनाए रखे। इन धारावाहिकों में पात्रों को समाज का प्रतिनिधित्व करते हुए प्रस्तुत किया जाता है, जो हमारे घर-परिवार के सदस्य जैसे लगते हों। ऐसे पारिवारिक सामाजिक नाटक सुखांत होते हैं।

रूपांतर

रेडियो श्रव्य माध्यम है। इसके लिए विशेष रूप से लिखित नाटकों के अतिरिक्त उपन्यास, कहानी तथा रंग नाटक को रूपांतरित कर प्रसारित किया जाता है। रंग नाटक प्रेक्षागृह में बैठे दर्शकों के सम्मुख प्रस्तुत करने के लिए रचा गया होता है जबकि कहानी या उपन्यास पढ़ने के लिए लिखे जाते हैं। ऐसी रचनाओं का रूपांतरित रूप इन्हें रेडियो प्रसारण के उपयुक्त बना देता है। अतः जब किसी कहानी का रूपांतर होता है, तो उसमें से वर्णनात्मक अंश निकालकर संघर्ष, कौतूहल तथा नाटकीय तत्त्वों

वाले अंश शामिल किए जाते हैं। साथ ही यह भी ध्यान रखा जाता है कि मूल कृति का विचार नष्ट न हो।

रंग नाटक प्रायः दो या तीन घंटे की अवधि का होता है। किंतु इसका रेडियो-रूपांतर या तो 30 मिनट या फिर एक घंटे की अवधि का होता है। मूल नाटक में कई प्रसंग होते हैं। किसको छोड़ा जाए और किसको रखा जाए, यह एक समस्या होती है। इसलिए उपकथाओं को छोड़कर केवल मुख्य प्रसंग को ही रूपांतरित नाट्य आलेख में रखा जाता है। यथा—

(दृश्य परिवर्तन संगीत)

बियांका : केथरीन! मेरी अच्छी बहन, अब मुझे और मत सताओ। मुझे नौकरानी बनाकर रखना तुम्हें शोभा नहीं देता। मेरे हाथ खोलो केथरीन। मैं ये चमक-दमक वाले कपड़े खुद ही उतार दूँगी। फिर जैसा तुम कहोगी वैसा ही करूँगी।

केथरीन : बियांका, जरा ये बताओ कि तुम्हारा हाथ माँगने आए सारे लोगों में से तुम्हें सबसे अच्छा कौन लगा? देखो, सच्चाई छिपाने की कोशिश मत करना।

बियांका : मेरा विश्वास करो बहन। उनमें से शायद ही किसी की सूरत मुझे पसंद हो।

केथरीन : अरी, झूठी! क्यों, वे हॉरटेन्सियो नहीं हैं जो तुझे....

बियांका : अगर उसने तुम्हें प्रभावित किया है केथरीन, तो मैं कसम खाती हूँ, मैं खुद उसके लिए तुम्हारी वकालत करूँगी।

केथरीन : तो फिर तुम्हें किसी की दौलत ने रिझाया है। यानी तुम्हें ग्रेमियो ही पसंद आया।

बियांका : क्या, तुम उसी के कारण मुझसे ईर्ष्या करने लगी हो? बहन, मैं प्रार्थना करती हूँ, मेरे हाथ खोल दो।

केथरीन : हाथ खोल दूँ।

ध्वनि-प्रभाव : (धक्का देने की ध्वनि, बियांका कराहती है)

बेपटिस्टा : (आते हुए) केथरीन! जाओ अपना काम करो। बियांका से मत उलझो। न जाने कौन-सा शैतान छिपा बैठा है तुम्हारे अंदर। हर समय इसे परेशान करती रहती हो। कभी इसने तुम्हें बुरा भला कहा? बताओ।

केथरीन : इसकी चुप्पी किसी तिरस्कार से कम है क्या? इसका बदला मैं जरूर लूँगी।

बेपटिस्टा : अरे, मेरे सामने भी छोटी बहन पर हाथ उठाने लगी? बियांका तुम अंदर जाओ।

ध्वनि-प्रभाव : (जाते हुए कदमों की ध्वनि)

केथरीन : हाँ, हाँ! वह तो तुम्हारी सब कुछ है। उसकी तो शादी भी होनी चाहिए। और मैं? मैं उसकी शादी के दिन नंगे पाँव नाचूँ? (जाते हुए) तुम्हारी छोटी बेटी के प्यार की खातिर मैं जहन्नुम में....

बेपटिस्टा : (लंबी साँस भरकर) ओह....क्या कोई आदमी मेरे जैसा दुःखी होगा?

ध्वनि-प्रभाव : (कुछ व्यक्तियों के आने की आहट)

[आकाशवाणी से नाटकों के अखिल भारतीय कार्यक्रम में विश्व रंगमंच दिवस के उपलक्ष्य में प्रसारित शेक्सपीयर के 'टेमिंग ऑफ द श्रू' का हिंदी रेडियो-नाट्य-रूपांतर। प्रसारण तिथि : 23 मार्च 1995]

कहीं-कहीं रंग-नाटकों के रूपांतरित रूप में मुख्य प्रसंगों को जोड़ने के लिए सूत्रधार अथवा नैरेटर को भी रखा जाता है। परंतु जब नाटक के अंशों, दृश्यों अथवा घटनाओं को नैरेटर द्वारा जोड़ा जाता है तो नाटक की गति में अंतर आता है। फीचर या आलेख रूपक में तो नैरेटर का होना नितांत आवश्यक है किंतु रंग नाटक के रूपांतरित रूप में इसका इस्तेमाल बहुत कम होता है।

कहानियाँ; पुस्तकों में प्रकाशित होने के अतिरिक्त पत्रिकाओं में भी छपती हैं। कई कहानियाँ पाठकों में लोकप्रिय भी होती हैं। ऐसे कथा-साहित्य का श्रव्य माध्यम के लिए रूपांतर करते समय भी कठिनाई आती है। क्योंकि अधिकतर कहानियों में नाटकीय तत्त्व नहीं होते हैं, घटनाएँ कम होती हैं, और कुछ कहानियों के कथानक सशक्त नहीं होते। ऐसी रचनाओं को 30 मिनट के नाटक में परिवर्तित करने के लिए नये प्रसंगों व नए पात्रों को भी जोड़ा जाता है। जिन कहानियों के मूल में कोई द्वंद्व नहीं होता उनका रूपांतरण और भी कठिन होता है। अतः ऐसी कहानियों के कथावस्तु को आधार बनाकर नया नाटक लिखा जाता है तथा कहानी पर आधारित नए नाटक में नए पात्रों का सृजन किया जाता है। किंतु ऐसा रूपांतर एक प्रतिभाशाली नाटककार ही कर पाता है।

उपन्यासों में कई उपकथानक होते हैं। उपन्यासों में पात्रों की संख्या भी अधिक होती है। इस कारण रचना की आवश्यक घटनाओं तथा अंगों को आधार बनाकर रूपांतर किया जाता है और अनावश्यक प्रसंग व पात्र निकाल दिए जाते हैं। संवादों को सरल बनाया जाता है। कहीं-कहीं पूर्व-स्मृति की तकनीक से पूर्व-प्रसंगों को जोड़कर, सीमित समय में प्रसारित होने वाली रचना के रूप में, एक उपन्यास को रूपांतरित किया जाता है।

फैंटेसी

फैंटेसी, कल्पनाप्रधान नाट्य कृति होती है। अतिकल्पना में ऐसे लोक की सृष्टि होती है जिसकी वास्तविक जगत् में पुनरावृत्ति नहीं। श्री विष्णु प्रभाकर की धारणा है कि

फैंटेसी भी जीवन के किसी अदृश्य सत्य का काल्पनिक तथा मार्मिक चित्रण होता है।[3] ये नाटक किसी परी-कथा, लोक-कथा, किसी मिथक, या 'साइंस-फिक्शन' पर आधारित होते हैं। यथार्थ जगत् में जो घटनाएँ संभव नहीं उन्हें रेडियो-फैंटेसी में चित्रित किया जाता है। इनमें जड़ चेतन हो जाता है और पशु-पक्षी भी मनुष्य की तरह बोलते हैं। इसमें किसी मनुष्य को, अन्य किसी लोक के निवासी से भेंट करते हुए दिखाया जा सकता है। अतिकल्पना द्वारा इन नाटकों में प्राचीन ग्रंथों आदि से प्राप्त तथ्यों पर आधारित किसी भी युग के मनुष्य को प्रस्तुत कर कैसे भी प्रसंग की अभिव्यक्ति की जा सकती है।

ऐसे नाटकों में अवास्तविक स्थलों पर घटने वाली घटनाएँ प्रस्तुत होती हैं। अतः जिस घटना का यथार्थ लोक में होना मुमकिन नहीं, उसे ऐसी नाट्यकृति में पेश किया जाता है।

मोनोलॉग (एक पात्रीय नाटक)

एक पात्रीय नाटक में प्रायः जीवन की कोई ऐसी घटना प्रस्तुत की जाती है जिसमें पात्र उलझनपूर्ण स्थिति में घिरा होता है। उसके मन में चल रहे द्वंद्व की अभिव्यक्ति होती है। एकल नाटक की कथा संक्षिप्त होती है क्योंकि कहानी को एक ही पात्र प्रस्तुत करता है। ऐसी कहानी में सभी नाटकीय तत्त्व मौजूद होते हैं। इसमें चित्रित पात्र अपने आप से बात करते हुए, मन में उठने वाली भावनाओं को व्यक्त करता है। या फिर अतीत की किसी घटना तथा अपने मानसिक रहस्यों का उद्घाटन करता है। किसी-किसी एकल नाटक में एक अन्य पात्र का केवल उल्लेख होता है, जो प्रधान-पात्र की बात को प्रारंभ से अंत तक सुन रहा होता है। अतः मनुष्य की ऐसी स्थिति का चित्रण होता है जो मार्मिक होती है। ऐसे नाटकों में एकरसता न हो इसलिए ध्वनि-प्रभावों तथा उपयुक्त संगीत का प्रयोग होता है। साथ ही एक अच्छे अभिनेता द्वारा अभिनय कराना आवश्यक हो जाता है जो भावों को कुशलतापूर्वक व्यंजित कर सके।

संगीत-रूपक (संगीत नाटक) और पद्यनाटक

संगीत-रूपक में गीतों की प्रधानता होती है। ये विशेष अवसरों पर तथा उत्सवों आदि पर प्रसारित होने के लिए लिखे जाते हैं। संगीत-रूपक में नैरेटर होता है जो विभिन्न प्रसंगों तथा गीतों को जोड़ता है। यह नैरेशन पद्य में ही होती है और कभी-कभी गद्य में भी लिखी ज़ाती है। इन संगीत नाटकों में कथा को आगे बढ़ाने के लिए कभी एक से अधिक नैरेटर भी होते हैं। गीतों के बीच-बीच में नाटकीय संवाद होते हैं तथा ऐसे नाटकों के लिए संगीत विशेष रूप से कंपोज किया जाता है।

पद्यनाटक को काव्य नाटक तथा गीत नाट्य भी कहा गया है। इसमें अभिव्यक्ति

का माध्यम गद्य के स्थान पर पद्य होता है। ब्रिटेन तथा अमरीका में 'वर्स प्लेज़' Verse Plays (काव्य-नाटक) 1937 ई. के आसपास लिखे जाने लगे थे। अपने पद्यनाटक 'द फाल ऑफ द सिटी' की प्रस्तावना में इसके लेखक आर्चीबाल्ड मेक्लीश ने लिखा है—रंगमंच पर पद्य-संवाद बाधापूर्ण लगते हैं। क्योंकि दृश्य की मंच-रचना के साथ ये मेल नहीं खाते। केवल प्राचीन युग की किसी कथा को कहते समय ऐसे दृश्य ठीक-ठीक लगते हैं, जबकि रेडियो पर काव्य किसी जटिलता के बिना ही प्रस्तुत हो सकता है। यहाँ जो काव्य प्रसारित होगा वह कान से सुना जाएगा और श्रवन में गद्य, पद्य से कहीं अधिक कर्णप्रिय होता है।[4] इसलिए रेडियो जैसा माध्यम काव्य-नाटक के ही उपयुक्त है।

पद्यनाटक (काव्य-नाटक) में कविता और नाटक का समन्वित रूप प्रस्तुत होता है। यह सामान्य नाटक के सभी नियमों का पालन करता है। इसकी भाषा लयात्मक होती है। यथा—

लक्ष्मण : तुव नयन सन टपकत टपा-टप यह लगी अँसुवन झरी।
बिखरी खरी भुअ पै परी जनु टूटि मोतिन की लरी॥
रोकत यदपि बल सों बिरह की वेदना उर तउ भरै।
जब अधर नासा-पुट कँपहि अनुमान सों जानी परै॥

राम : तब तो सिया-बिरहागिनी विकराल कैसी है रही।
पै बैर अपनो लैन के हित सकल मैं सहजहि सही॥
अब चित्र देखन सों वही पुनि जरि उठी भभकाइकै।
हिय-मरम-घाय समान पीड़ा देति उर उपजाइकै॥

(भवभूति कृत, उत्तर रामचरित)

हास्य नाटिकाएँ तथा झलकियाँ

हास्य नाटकों में नाटककार सामाजिक जीवन की विसंगतियों को अतिशयोक्तिपूर्ण रूप से प्रस्तुत करता है। जब ऐसे नाटक रंगमंच पर प्रस्तुत होते हैं तो अभिनेताओं के सजीव अभिनय के दौरान दर्शकों की हँसी भी नाटक में शामिल होती है और पूरे प्रेक्षागृह में हँसी का माहौल बनता है। किंतु जब रेडियो नाटक प्रसारित होता है तब दर्शक सामने अभिनेताओं के सम्मुख नहीं बैठा होता है, इस कारण रेडियो से प्रसारित नाटिका ऐसी परिस्थितियों पर आधारित होती है जो हास्य पैदा कर सके। ऐसे चरित्र प्रस्तुत होते हैं जो आम जीवन में कहीं न कहीं कोई चूक करते हैं और हास्यास्पद स्थिति के केंद्र बनते हैं।

रंगमंच पर कई प्रकार के हास्य-नाटक प्रस्तुत किए जाते रहे हैं, जैसे—रूमानी कामदी, (शेक्सपीयर कृत, 'एज यू लाइक इट') संगीत-कामदी, (माइ फेयर लेडी) हिंदी हास्य नाटक, 'ताजमहल का टेंडर', 'मैन एंड सुपरमैन', 'ए मिड समर नाइट्स

ड्रीम' आदि। ये सभी दर्शकों के सम्मुख प्रस्तुत हुए हैं।

रेडियो हास्य-नाटक का उद्देश्य श्रोताओं को ऐसे पात्रों तथा घटनाओं से परिचित कराना होता है जो उन्हें प्रसन्नता प्रदान करें, इसलिए विषय को हँसी-मजाक में प्रस्तुत किया जाता है। ऐसे नाटक में पात्र हास्यजनक स्थिति में उलझकर मनोरंजन प्रदान करते हैं। ये हास्य नाटिकाएँ 15 मिनट तक की अवधि की होती हैं जबकि झलकी 2 से 4 मिनट की हो सकती है। श्री सत्येंद्र शरत् का मानना है कि झलकी किसी भी चुटकुले या लतीफे का नाटकीकरण होता है जो लघु नाटक की संज्ञा प्राप्त नहीं कर पाती, क्योंकि उसमें नाटकीय तत्त्व नहीं होते हैं, नाटकीय पात्र नहीं होते हैं। यह केवल कोरी लतीफेबाजी होती है।[5]

रेडियो नाटक एक स्वतंत्र विधा है। काव्य-नाटक हो, रूपक हो या फिर धारावाहिक नाटक, रेडियो नाटक का अपना एक विशिष्ट क्षेत्र है। पद्यनाटक, रूपक या आलेख-रूपक, जैसे आरूप केवल विशेष अवसरों पर प्रस्तुत होते हैं जबकि पूर्ण रेडियो नाटक सप्ताह में दो या तीन बार प्रसारित होते हैं। रेडियो नाटक के स्वरूप के परिचय हेतु प्रस्तुत है कृष्णचन्द्र शर्मा 'भिक्खु' के मूल हिंदी उपन्यास 'कृष्णप्रिया' के चिरंजीत द्वारा रेडियो-रूपांतर का एक अंश—

"(शंख और घंटे-घड़ियाल के साथ बाँके बिहारी के मंदिर में हो रही आरती का ध्वनि-प्रभाव। भक्तों के समूह द्वारा बाँके बिहारी, राधा-वल्लभ, श्रीकृष्ण कन्हैया और जुगल जोड़ी का जय-जयकार। इन सब ध्वनि-प्रभावों के ऊपर श्रीकृष्ण के गुणगान संबंधी कोई पद नाच-नाचकर गाती हुई कृष्णप्रिया का स्वर सुनाई देता है।)

उद्घोषक : बाँके बिहारी का यह मंदिर हिमालय की शिवालिक पहाड़ियों की तलहटी में स्थित लाल ढांग नामक एक छोटी-सी बस्ती में गंगा के ऊँचे कगार पर बना हुआ है। उसी मंदिर के परम निष्ठावान पुजारी पंडित ज्ञानदत्त की अत्यंत सुंदर युवा पत्नी थी कृष्णप्रिया। तो लीजिए सुनिए उस कृष्णप्रिया की गाथा लाल ढांग बस्ती के अत्यंत दबंग और शक्तिशाली ठेकेदार ठाकुर कुबेर सिंह से...
(आरती के समय मंदिर का ध्वनि-प्रभाव कृष्णप्रिया के नृत्यगीत के साथ उभरकर पृष्ठभूमि में चला जाता है।)

कुबेर सिंह : मुझे याद नहीं, मैं कब से नियमित रूप से मंदिर में जाने लगा था! शायद तब से, जब मंदिर के पुजारी पंडित ज्ञानदत्त अत्यंत रूपवती कृष्णप्रिया को ब्याह कर लाए थे। नई नवेली दुल्हन का असली नाम तो था रेवती, परंतु बाँके बिहारी के प्रति उसकी भक्ति और समर्पण-भाव को देखकर पुजारी ने उसे कृष्णप्रिया का नाम दिया था। सारी बस्ती में कृष्णप्रिया के रूप-यौवन की धूम मच गई। हर कोई विधाता की लीला पर चकित था कि इंद्रलोक की

अप्सरा सी रूपवती बाला, किसी राजा की रानी बनने के बजाय, एक गरीब पुजारी की गृहिणी बनी। यह तय है कि रात की आरती के साथ मंदिर में भक्तों की जो विशाल भीड़ जुटती थी, उनमें अधिक संख्या भगवान बाँके बिहारी की जगह कृष्णप्रिया के दर्शनार्थियों की होती थी। मेरे सामने तो नहीं, हाँ मेरी पीठ पीछे यह अफवाह फैल गई थी कि मैं कृष्णप्रिया के रूप-यौवन के लोभ में ही मंदिर जाता हूँ और मंदिर का खर्च उठाता हूँ। मतलब यह कि बस्ती के लोग कृष्णप्रिया के चरित्र पर शक करने लगे थे। यह शक और भी बढ़ा, जब यह खबर फैली कि एक रात इलाके का दिलेर और खौफनाक डाकू मंदिर में पहुँचा था। एक खूँखार डाकू का मंदिर में आना साधारण बात नहीं थी। मैंने जब कृष्णप्रिया से इस बारे में पूछा, तो उसने बिना किसी झिझक के सहज भाव से बताया....

कृष्णप्रिया : हाँ, सुल्ताना रात को मंदिर में आया था। शयन आरती हो चुकी थी। दर्शनों के लिए जो भक्त आए थे, वे सब जा चुके थे। मंदिर में बहुत मद्धिम प्रकाश था। मंडप के दीए कुछ तो बुझ चुके थे और कुछ टिमटिमा रहे थे। पंडितजी भगवान के शयन की व्यवस्था करके गर्भगृह से बाहर निकलने ही वाले थे। मैं गर्भगृह के कपाट बंद करने के लिए आगे बढ़ी ही थी कि देहरी पर टिका कोई मस्तक ऊपर उठा और फिर ढाटा बाँधे मँझोले कद का एक आदमी उठकर सीधा खड़ा हो गया। मैंने उसे पहचाना नहीं।

(फ्लैश बैक)

कृष्णप्रिया : देर से आए, भक्त! भगवान अब शयन कर रहे हैं।

सुल्ताना : (सख्त स्वर) भगवान भी सो जाएँगे तो बड़ा अंधेर हो जाएगा! उनके जागते जब इतना अंधेर है, तो सोते जो न हो, सो थोड़ा है!

ज्ञानदत्त : (आते हुए) किस अंधेर की बात करते हो, भक्त?

सुल्ताना : वही अंधेर जो तुम्हारे भगवान के राज में मचा है, पुजारीजी! उँह, सुल्तान सिंह को पकड़ने के लिए पुलिस कप्तान गारद लेकर पीछे पड़ा है।

ज्ञानदत्त : सुल्ताना डाकू जो है!

सुल्ताना : (भड़ककर) किसे तू डाकू कहे है, पुजारी महाराज? डाकू तो लाल ढांग का साहूकार छज्जूमल है, जो ब्याज लेते-लेते उधार लेने वाले का खून ही चूस लेता है। डाकू तो ठेकेदार कुबेर सिंह है, जो अपने कारिंदों को सिर्फ दो-जून की रोटी देकर दौलत का अंबार

लगाता जाता है। डाकू मैं नहीं, मैं तो अन्यायी को लूटूँ हूँ। गरीब को दूँ हूँ।

ज्ञानदत्त : (चौंककर, डरकर) तो, तो तुम सुल्ताना डाकू हो! (डरकर) कृष्णप्रिया...!

सुल्ताना : डरो नहीं पुजारी महाराज! मैं यहाँ लूटने नहीं भगवान का प्रसाद लेने आया हूँ। प्रसाद क्या मिलेगा पुजारिन? तुम मेरी बाँह की ओर क्या देख रही हो?

कृष्णप्रिया : तुम्हारी बाँह तो खून से सनी है। कैसे चोट लगी भाई?

सुल्ताना : (चकित-सा) ऐं, तूने मुझे भाई कहा?

कृष्णप्रिया : चलो, हमारे घर चलो। तुम्हें मरहम-पट्टी की जरूरत है।

सुल्ताना : नहीं भैना! बस मुझे प्रसाद दे दो! आज उस रण्डी ने कुछ ज्यादा ही पिला दी थी। इससे कुछ होश में न था। उस पुलिस-कप्तान की गोली को बचा न सका। बाँह को छीलती निकल गई। मर भी तो सकता था।

कृष्णप्रिया : तुम भगवान के प्रसाद से ही तो बचे हो भाई! अब जल्दी से मरहम-पट्टी करा लो। आओ हमारे घर। ये वैद्यजी को बुला लाएँगे।

सुल्ताना : (शक करते हुए) वैद्य को या पुलिस कप्तान को...?

कृष्णप्रिया : (कोमल स्वर में) विश्वास भी खो बैठे भाई! बहन तक का विश्वास नहीं रहा! बड़े दुःखी लगते हो! क्या सोच रहे हो, भाई?

सुल्ताना : (तनिक रुँधे गले से) कुछ नहीं। मेरे लिए यह प्यार, यह ममता। सब कुछ अनजान-सा है। खैर, विश्वास तो यह सुल्तान सिंह रण्डी का भी कर लेवे है, साथ के चोर-डाकुओं का भी करे है। आज एक पुजारिन का भी विश्वास करके देखूँ! चल भैना, जहाँ चाहे ले चल!"

(फ़ेड आउट-फ़ेड इन, झींगुर की झंकार)

संदर्भ

1. रेडियो नाटक की कला, डॉ. सिद्धनाथ कुमार।
2. वही।
3. स्वातंत्र्योत्तर हिंदी रेडियो नाटक : एक अनुशीलन, डॉ. बाबूराव नंदनवार, भावना प्रकाशन, 1999, पृ. 39।
4. रेडियोस बेस्ट प्लेज़, संपादक : जोसफ लिस, ग्रीनबर्ग पब्लिशर्स, न्यूयार्क, 1947, पृ. 6।
5. रेडियो नाटक संग्रह (भाग-2), प्रकाशन विभाग, नई दिल्ली, 1987, पृ. (307-309)।

टी. वी. नाटक की तकनीक

अक्सर यह बात उठाई जाती है कि टेलीविजन नाटक कैसा हो? यदि पिछले कुछ वर्षों के टी. वी. नाटक का जायजा लें तो यही कह सकते हैं कि टेलीविजन नाटक का कोई पक्का ढाँचा अब तक निखर नहीं पाया है। नाटक प्रस्तुत करने की कला में फिल्म एवं रंगमंच की अपेक्षा कई दुश्वारियाँ हैं परंतु इसकी प्राणवत्ता इसकी सामाजिकता में है। इसीलिए सामूहिक मनोरंजन का माध्यम होने के नाते इसमें अवसर भी अधिक हैं किंतु चुनौतियाँ भी अधिक हैं। इसमें मौलिक चिंतन एवं वैयक्तिक शैलियों की गुंजाइश है। टेलीविजन को ऐसे नाटकों की जरूरत है जिनमें जीवन के प्रति सहज सच्चाई की भावना की ओर इशारा हो। इन नाटकों के लिए यथार्थता जरूरी है। भावात्मक दृष्टि से भी यथार्थ और सामाजिक दृष्टि से भी यथार्थ। ऐसी कृति अलग-अलग स्तरों पर लोगों के मन को छूती है। अक्सर कहा जाता है कि टेलीविजन नाटक मूलतः मनोरंजन का माध्यम है किंतु यह भी सत्य है कि यह माध्यम अत्यंत प्रभावशाली है। इसलिए इन नाटकों में चरित्रांकन, चिंतन एवं गतियोजना तीनों ही दृष्टि से मौलिकता का होना आवश्यक है। यहाँ ऐसे पात्रों की सृजना हो जिनमें मानवता के सर्वश्रेष्ठ सिद्धांतों का समावेश हो। या यूँ कहें कि इन पात्रों के पर्दे पर दिखने वाले रूप में एक अतिरिक्त आयाम नज़र आए।

बी.बी.सी. के भूतपूर्व प्रस्तुतकर्ता डॉन टेलर ने तीन दशक पूर्व टेलीविजन नाटक के बारे में जो टिप्पणियाँ की थीं वे आज भी सार्थक हैं। उनके अनुसार टेलीविजन नाटक में शैली के नाम पर यदि कुछ है तो फिल्म और रंगमंच का मिश्रण और कहानी की वेदी पर विचार तथा तर्क की अक्सर बलि चढ़ा दी जाती है। मगर युग के मूल्यों और रीति-नीति को टेलीविजन नाटक ढालता है। यह बहुत बड़ी जिम्मेदारी का काम है। एक दर्शक के मन को सचेतना के उच्चतर स्तरों की ओर ले जाना कोई आसान काम नहीं। टेलर मानते हैं कि टेलीविजन का परम लक्ष्य है संहिता

नाटक का विकास, अलंकृत नाटक का नहीं।

टेलीविजन, लोक-कलाओं व लोक-साहित्य के समरूप है जो समकालीन भावनाओं, घटनाओं, कथानकों और पात्रों को नई विचारधाराओं में प्रस्तुत करता है। इसीलिए न केवल नाट्य-शृंखलाएँ अपितु हास्य धारावाहिक ्तक सम-सामयिक राजनीतिक एवं सामाजिक विषयों को सफलतापूर्वक प्रस्तुत करते हैं। जैसे—'येस मिनिस्टर' या 'कका जी कहन'। संभवतः यह उच्चतम कलाकृतियों की श्रेणी में न आते हों किंतु यह उस जन-समूह के लिए निर्मित होते हैं जो शायद ही कोई परिष्कृत कृति देख पाते हों।[1]

तकनीक

धुँधले आरंभों और अंतों से उभरते हुए जब टेलीविजन में तकनीकी कुशलता द्वारा 'फ्रीज', विलोपन, प्रकटन, पूर्वक-स्मृति 'स्लो-मोशन' आदि की सुविधा उपलब्ध हुई तो टेलीविजन नाटक व्यापक बना। धीरे-धीरे नाट्य-शृंखलाएँ और कामदी, टेलीविजन-तंत्रों के 'प्राइम-टाइम' प्रसारण का हिस्सा होने लगे। 'आइ लव लूसी' ऐसी ही एक स्थिति-कामदी थी जिसने तीन कैमरों की सहायता से अपने नाट्य प्रदर्शन को सजीव-संपादन की तकनीक द्वारा निर्मित किया। भारतीय टेलीविजन पर करीब इसके दो दशक बाद ऐसा ही प्रयोग 'यह जो है जिंदगी' तथा 'देख भाई देख' द्वारा हुआ। इस प्रकार के आरूप में प्रस्तुत यह नाटक सफल रहे और लोकप्रिय भी। फिर इसी आरूप में 'शांति' जैसे धारावाहिक बने।

इन आरूपों के चलते टेलीविजन के लिए और सिर्फ टेलीविजन के लिए फिल्मों का निर्माण भी हुआ जो काल्पनिक एवं यथार्थ के बीच एक सेतु की तरह थे। यह टी. वी. फिल्में ऐसे सम-सामयिक विषयों पर आधारित थीं जिनसे दर्शक पहले से ही परिचित थे। ये वृत्तचित्रात्मक नाटक थे। 'द मिज़ाइल्स ऑफ अक्टूबर' (1974) क्यूबा की 1962 की मिज़ाइल क्राइसिस का नाट्य रूप था। दूरदर्शन के लिए निर्मित—'गोविंद वल्लभ पंत' भी इसी प्रकार का प्रयोग था।

यूँ तो वृत्तचित्रात्मक-नाटकों के जन्मदाता आर्सन वैल्स के ऐतिहासिक रेडियो कार्यक्रम 'द वार ऑफ द वाल्स' ने पहले से ही ऐसी नाट्य-कृतियों का रूप निर्धारित किया था किंतु टेलीविजन पर इनका रूप सत्तर के दशक से निखरना प्रारंभ हुआ। आर्सन वैल्स की वृत्तचित्रात्मक शैली इतनी प्रभावपूर्ण और सजीव थी कि सुनने वालों को यह आभास होता था कि उन्हें सच में ही मंगल-ग्रह निवासियों ने आ घेरा है।

सत्तर के ही दशक में शृंखलाओं तथा सोप-ऑपेराओं का सिलसिला आरंभ हुआ। जहाँ एलेक्स हेली की नाट्य-शृंखला 'रूटस' तथा 'गॉडफादर' निर्मित हुए वहीं डालल्स जैसे सोप-ऑपेरा भी बनने लगे। टेली-नाटकों के विकास का यह एक महत्त्वपूर्ण चरण था और इन्हीं आरूपों को आधार मानकर दूरदर्शन पर 'स्वाभिमान' एवं 'खानदान'

जैसे धारावाहिक दिखाए जाने लगे।

उधर ब्रिटेन का टेलीविजन नाटक अमरीकी नाट्य-शृंखलाओं से कई मायनों में भिन्न रहते हुए भी अपनी विश्व-व्यापकता बनाए हुए है। ब्रिटेन की नाट्य-मालाओं का एक निश्चित अंत होता है, पात्रों का स्वाभाविक विकास होता है, उनकी मृत्यु होती है और ज्यों ही शृंखला की उद्देश्य पूर्ति नजर आती है त्यों ही उसे चरमोत्कर्ष के क्षणों तक ले जाकर समाप्त किया जाता है। ब्रिटेन के लेखकों-निर्देशकों को यह बात समझने में देर न लगी कि उनके यहाँ विकसित नाट्य-शृंखलाएँ उपन्यास के समरूप हैं। यह बात प्रकट होते ही बी.बी.सी. ने जॉन गाल्सवादी का फॉरसाइट सागा 26 किश्तों में तैयार किया। यह एक बहुत ही सफल कृति थी और यह ब्रिटेन के टेलीविजन को अंतर्राष्ट्रीय बाजार में ले आई। फिर 'वार एण्ड पीस' 20 किस्तों में सार्त्र का 'रोड्स टु फ्रीडम' 13 किस्तों में और न जाने कितनी ही शृंखलाएँ बनकर सामने आईं। 1966 में आवास की समस्या को लेकर लोच द्वारा निर्देशित कृति 'कैथी कैम होम' इतनी प्रभावपूर्ण थी कि विधायकों को समस्या का समाधान ढूँढ़ने और कानून बनाने पर विवश होना पड़ा।

नाट्य आरूप

अब तक जिन आरूपों को टेलीविजन पर स्वीकारा गया है वे यूँ हैं :

शृंखलाएँ

	स्थितियाँ	विकसित होते कथानक
चलते रहने वाले	अमरीकी शृंखलाएँ स्थिति-कामदियाँ	धारावाहिक सोप-ऑपेरा
निश्चित अंत वाले	लघु नाट्य मालाएँ कुछ अमरीकी शृंखलाएँ	उपन्यासों पर आधारित धारावाहिक, कुछ नाट्य-शृंखलाएँ

नाटकों के अंतर्गत दिखाए जाने वाले धारावाहिकों में सभी मुख्य चरित्र लोगों के अपेक्षाकृत स्पष्ट प्रतिरूप होते हैं जिन्हें हम अनायास ही स्वीकार कर लेते हैं। परंतु यदि छोटे पर्दे पर आने वाली आकृतियाँ, असहज, अटपटी, अबूझ हों तो वे परिवार के सामान्य अनुभव के बाहर की नज़र आती हैं और सब कुछ अविश्वसनीय-सा दिखता नजर आता है। जब लोग रंगशाला या सिनेमा में जाते हैं तो जानते हैं कि उनके सामने जीवन का जो रूप प्रस्तुत होगा वह कल्पनात्मक होगा। परंतु जब दर्शक वर्ग घर में बैठे एक टेलीविजन नाटक या धारावाहिक देख रहा होता है तो वास्तविकता

और कल्पना की धाराएँ अटूट क्रम में प्रवाहित होती रहती हैं। लेकिन वह नाटक को वास्तविकता से भिन्न नहीं मानता है। इसलिए यहाँ मानवीय प्रेक्षण आवश्यक है क्योंकि टेलीविजन की शक्ति चरित्रांकन में ही निहित है।

टेलीविजन नाटक की इस संरचना में कैमरा एक विशेष भूमिका निभाता है। किसी पात्र का एकालाप यहाँ केवल उसकी नज़रें झुकाने से या केवल उसके एक 'क्लोज़-अप' से दिखाया जा सकता है। वास्तव में टेलीविजन नाटक कैमरे से दर्शाए जाने वाली कहानी है जिसमें कहानी की विशेष बातों को विशेष शॉटों द्वारा उभारा जाता है। यदि कहीं भी कोई बिखरा शॉट हो तो कहानी नीरस होने लगती है। अतः सृजनशील निर्देशक शॉटों द्वारा ही नाटक के प्रेरक भाव को पात्रों के माध्यम से उभारने में सफल होते हैं।

टेलीविजन में गति आलेख में होती है कार्य-व्यापार के स्वरूप में नहीं। अतः टेलीविजन नाटक, कहानी में स्वाभाविक रूप से उभरते दृश्यों के आधार पर निर्मित होता है। यहाँ रंगमंच की तुलना में संवाद कम रहते हैं और विलोपन, प्रकटन, पूर्व स्मृति, फ्रीज आदि के प्रयोग से कथा में गति आती है और कहीं-कहीं यह स्थितियों के वाहक भी बन जाते हैं। चलचित्र के बड़े पर्दे पर आलीशान सेट्स दर्शक को मंत्रमुग्ध कर सकते हैं। लेकिन यहाँ एक अभिनेता की मुखाकृति या उसकी केवल एक मुस्कराहट ही बड़ा काम कर जाती है। यहाँ दैहिक गति के माध्यम से भावनाएँ व्यक्त होती हैं और जो कुछ नाजुक और संवेदनशील है वह केवल एक ही प्रदर्शन में बाँधे रखने की क्षमता रखता है। जबकि रंगमंचीय नाटक का यदि एक प्रदर्शन खराब हुआ तो दूसरे प्रदर्शन में गलती का सुधार भी हो सकता है परंतु यहाँ यह भी संभव नहीं। चित्रांकन होकर जिसका संकलन हुआ सो हुआ। सुधार की गुंजाइश नहीं, शायद ही कभी ऐसा हुआ हो कि एक ही रचना को लेकर दो बार नाटकों की शूटिंग हुई हो। रंगमंच पर अगले प्रदर्शन में सुधार किया जा सकता है और दोबारा नए सिरे से लिखा भी जा सकता है। रंगमंचीय नाटक 'लहरों के राजहंस' के तीसरे अंक से संतुष्ट न होकर लेखक श्री मोहन राकेश ने अंक को फिर से लिखा था। श्री श्यामानंद जालान द्वारा इसके प्रस्तुतीकरण के बाद तो वे इसे नए सिरे से लिखने को भी तैयार हो गए थे। इस संदर्भ में श्री मोहन राकेश ने नाटक की भूमिका में इस प्रकार का विवरण दिया है। 'तीसरे अंक के संयोजन तथा प्रस्तुतीकरण में जो कसाव था, वह पहले दो अंकों में नहीं था। इससे मैं अपने इस नतीज़े पर पहुँचा था कि मुझे अब तीनों अंक एक साथ फिर से लिखने चाहिए, और श्यामानंद इस नतीजे पर कि नए रूप में नाटक की पूरी पाण्डुलिपि हाथ में आ जाए, तो इसे बिल्कुल नए सिरे से प्रस्तुत करना चाहिए।'[2] टेलीविजन नाटक न तो छपने के लिए ही लिखा जाता है और न ही किसी सभागार में बैठे दर्शकों के समक्ष प्रस्तुतीकरण के लिए। इसका प्रसारण उन अनगिनत दर्शकों के लिए होता है जो घरों में बैठे होते हैं, जो

तस्वीर के दोनों पहलू देखने को उत्सुक होते हैं। ऐसा न हुआ तो वे अपने सेट का रिमोट स्विच बंद करके एक तरफ बैठ जाएँगे। शिथिल और दायित्वविहीन नाटक को लेकर दर्शक क्या करेगा। ऐसे में टेलीविजन-नाटक की रचना और भी कठिन हो जाती है।

डोनाल्ड विलसन मानते हैं कि टेलीविजन नाटककार के लिए पाँच बातों को ध्यान में रखना आवश्यक है।[3] एक अच्छे मूर्तिकार की ही भाँति उसे इन्हें औजार बनाकर नाटक को गढ़ना चाहिए।

1. टेलीविजन नाटककार को यह बात मानकर चलना चाहिए कि नाटक लोगों के बारे में ही हो सकता है। यह स्पष्ट और सीधे शब्दों में उनके रोजमर्रा की जिंदगी को दर्शाता है। यह उनकी दुर्बलता, झूठ, विश्वासघात, बेवकूफियों आदि को दर्शाए परंतु साथ ही उसे उनसे प्यार होना चाहिए जिस प्रकार एक मूर्तिकार पत्थर से करता है और कठफोड़वा लकड़ी से करता है। क्योंकि यही लोग उसकी कहानी को जन्म देते हैं। यही अभिनेताओं द्वारा भिन्न-भिन्न रूपों में छोटे-पर्दे पर प्रकट होते हैं।
2. दूसरा यह कि रचना उद्देश्यात्मक हो। पात्र व्यर्थ ही बिना किसी अभिप्राय के नाटक में चलते-फिरते नज़र न आएँ। चाहे नाटक दुखात्मक हो या हास्यप्रधान। इसका प्रभाव दोनों पर बराबर रहता है।
3. कल्पना-पूर्ण विचार का होना शिल्प की दृष्टि से काफी महत्त्व रखता है। किसी दुर्घटना को यदि चार व्यक्ति देखते हैं तो वे उस घटना को अपने-अपने ढंग से व्यक्त करते हैं और सभी यह दावा करते हैं कि उनका बयान सही है। लेकिन, कल्पनामय विचार-शक्ति के द्वारा ही एक नाटककार प्रभावकारी ढंग से किसी घटना को विकसित कर सकता है। उसने जो कुछ देखा होता है उसे वह अपनी कल्पनामय दृष्टि के कारण, एक नया रूप देता है, एक नई कलाकृति को जन्म देता है। नए-नए पात्रों को गढ़ता है।
4. संवाद यहाँ रंगमंच या फिल्म आदि के संवादों से भिन्न होंगे। यहाँ संवाद ऐसे होने चाहिए जो अभिनेताओं द्वारा आसानी से बोले जा सकें। फिर भी उनमें एक अच्छी कविता का सा खिंचाव होना चाहिए। यह संवाद लिखने में बेशक अटपटे लगें परंतु देखना यह है कि यह सुनने में कैसे लगते हैं। इनकी आकर्षण शक्ति कितनी है। यह भावनाओं को झकझोरने में समर्थ होने चाहिए।
5. एक टेलीविजन नाटककार को एक कथावाचक की भाँति होना चाहिए। कहानी को सुनाकर या गाकर बताने की कला पुरानी है। यहाँ भी शब्दों, पात्रों आदि के माध्यम से कहानी ही सुनानी है।

भले ही टेलीविजन नाटक का आलेख अच्छा हो पर सृजनशील निर्देशक के सहयोग से इसमें स्पेस तत्त्व का ध्यान रखना आवश्यक हो जाता है। स्पेसिंग बिल्कुल उसी प्रकार आवश्यक है जिस प्रकार फिल्म में 'फ्रेम'। टेलीविजन नाटक में इसी स्पेसिंग के आधार पर पात्रों के बीच बनते-बिगड़ते संबंध उभारे जाते हैं। एक पात्र से दूसरे पात्र की दूरी, शॉट में उनकी स्थिति तथा सेट पर उनकी ब्लाकिंग कैसी है यह कथा में निहित संवेदनाओं की ओर संकेत करता है। यही कारण है कि पात्रों की संख्या टेलीविजन नाटक में रंगमंच की तुलना में कम होती है। रंगमंच पर यदि किसी दृश्य में 12 पात्र हों और केवल तीन पर ध्यान केंद्रित करना हो तो पात्रों को किसी न किसी बहाने मंच से नेपथ्य में भेजा जाता है। क्योंकि नाटककार जानता है कि उसका पूरा मंच दर्शकों के सामने दिख रहा है। ऐसा करने में कभी यह दिक्कत भी आती है कि मंच खाली-खाली सा दिखने लगता है और प्रकाश व्यवस्था पर निर्भर होना पड़ता है। परंतु टेलीविजन पर किसी भी बड़े दृश्य को छोटे-छोटे दृश्यों में तोड़कर यह समस्या सुलझाई जा सकती है और हर दृश्य में केवल वही पात्र होंगे, जो आवश्यक हों। प्रस्तुतीकरण के इस तरीके में कैमरे की गति के साथ जब अभिनेता का कार्य-व्यापार लयबद्ध होता है तो नई भाषा का जन्म होता है। यहाँ अभिनेता की आँखों का इशारा, मुखाभिनय और दैहिक संकेत शाब्दिक संवाद से परे एक नए संवाद को जन्म देते हैं। 'आर्थर बर्गर' के शब्दों में यह टेलीविजन की सांकेतिक भाषा है।

टेलीविजन की सांकेतिक भाषा

दृश्यों के बजाय पात्रों की मनोदशा दर्शाने में टेलीविजन ज्यादा सक्षम है। यही कारण है कि टेलीविजन को क्लोज़अप (निकट शॉट) का माध्यम माना गया है। किंतु इसमें एक सांकेतिक भाषा निहित है जिसका अर्थ दर्शक-वर्ग स्वतः ही खोज लेता है। आर्थर बर्गर ने इस सांकेतिक-भाषा को यूँ बताया है :

	संकेत	माध्यम	अर्थ
1.	क्लोज़-अप	(मुखाकृति)	निकटता
2.	मीडियम-शॉट	(शरीर का अधिकांश भाग)	व्यक्तिगत-संबंध
3.	फुल-शॉट	(पूरा शरीर)	सामाजिक संबंध
4.	लांग-शॉट	(पात्र और परिवेश)	प्रसंग
5.	पैन-डाउन	(कैमरे द्वारा ऊँचाई से लिया गया शॉट)	प्रभुत्व
6.	पैन-अप	(कैमरे द्वारा नीचे से लिया हुआ शॉट)	लघु
7.	कट	(एक चित्र से दूसरे पर जाना)	उत्सुकता उभारना

प्रारंभ में टेलीविजन नाटक रंगमंचीय नाटक की तरह कई दिनों के पूर्वाभ्यास के बाद स्टूडियो में बनाए गए सेट पर तीन कैमरों की तकनीक से शूट होकर दिखाए जाते थे। तब इनमें बाह्य दृश्य सम्मिलित नहीं होते थे, जिसके कारण नाटक का परिवेश अविश्वसनीय-सा लगता था। इसीलिए फिर इनमें बाह्य दृश्य सम्मिलित होने लगे और अब तो पूरे का पूरा टेलीविजन नाटक वास्तविक लोकेशन पर शूट होता है जैसे—'रिश्ते', 'स्टार बेस्ट सेलर' आदि। टेलीविजन नाटक में अभिनेता की भाव-भंगिमाओं को कैमरे द्वारा दर्शाया जाता है। अतः यहाँ कैमरे से लिया गया शॉट बहुत महत्त्वपूर्ण होता है। जो कुछ हो रहा होता है वह कैमरे के सामने ही होता है। अभिनेता के सम्मुख रंगमंच की तरह कोई दर्शक नहीं होता। इसलिए अभिनेता अप्रत्यक्ष रूप से एक ही दृश्य को कई-कई बार दोहरा कर उसे संतोषपूर्वक, परिपूर्णता के साथ प्रस्तुत करता है। लेकिन फिर भी कभी-कभी परिवार में बैठे दर्शक को यह दृश्य अच्छा नहीं लगता। कारण होता है कहानी, जो या तो घर में बैठे दर्शक के अनुभव से बाहर होती है या उसके सामाजिक-तथ्य को झुठलाती है। इसीलिए वे नाटक टेलीविजन पर विफल रहे हैं जो प्रतीकात्मक शैली में अथवा अवास्तविक रूप में दिखाए गए हैं। जैसे.....'मुट्ठी भर रोशनी' या 'मेरे भाई, मेरे दोस्त'। इसके विपरीत 'बंद गली का आखिरी मकान', 'वापसी' आदि टी. वी. पर बहुत सफल रहे हैं।

टेलीविजन का नाटक कई लाख, और अब तो कई करोड़, दर्शक एक साथ देख पाते हैं। इसलिए जो कुछ वहाँ दिखाया जाता है वह विश्वास के योग्य लगने लगता है। टेलीनाटक का सत्य जीवन की सच्चाई हो जाती है और जब एक अभिनेता सच्चा या विश्वास के योग्य प्रदर्शन कर रहा होता है तो अनुभव, यकीन करने लायक हो जाता है। इस माध्यम में निकट-शॉट की उपलब्धि के कारण अभिनेता को प्रधानता प्राप्त होती है जो उसे रंगमंच या फिल्म में नहीं मिल पाती।

आज का टेलीविजन नाटक असाधारण क्षमता प्राप्त कर चुका है। आज के नाटकों के कथानक, पति-पत्नी को एक घर की तलाश (नाटक—एक घर अपना-सा), गाँव से शहर में आए हुए युवक की परेशानियों (नाटक—पेपरवाला), फुटपाथ की जिंदगी बसर करने वाले बच्चों (नाटक—श्याम और श्यामा), विदेश में रह रहे बेटे का बिछोह (नाटक—बेगाने देश में) जैसे विषयों पर आधारित होते हैं। इनके पात्र वास्तविक लगते हैं और इन चरित्रों की मनोदशा बखूबी दर्शाई जाती है। यहाँ पात्र रंगमंच के मिथक या नाटकीय शैली से निकलकर सामान्य जीवन में प्रवेश कर जाते हैं। पीटर, ब्रूक्स, नाटक को एक लोकप्रिय विधा मानते हैं। यही लोकप्रियता टी. वी. नाटक की बुनियाद है।

टेलीविजन नाटक में, उपयुक्त संवादों के ज़रिए ही छोटे पर्दे पर पात्र अपनी भावनाओं को व्यक्त करते हैं। यहाँ कहानी संवादों के द्वारा बयान की जाती है जबकि फिल्म में कथा दिखाई जाती है। फिल्म में विजुअल डाइनामिक्स के माध्यम से क़हानी

और दृश्य में तालमेल बिठाया जाता है और पात्र की मनोदशा 'विजुअल-एक्शन' द्वारा व्यक्त की जाती है।

टेलीविजन नाटक में पात्र, कथानक एवं संवाद, रचना के इन तीन अंगों द्वारा कथावस्तु प्रकट होता है। टी. वी. नाटक का कथानक रंगमंच के बजाय प्रतिबंधित होता है। यहाँ उपकथानक शामिल नहीं होते। इसका एक कारण यह भी है कि टी. वी. नाटक एक समय सीमा में बँधा हुआ रहता है जबकि रंगमंच का नाटक इससे मुक्त रहता है। टी. वी. नाटक का पात्र सामान्य से बढ़कर होता है, जो नाटक में व्यक्त संघर्ष को बढ़ाने में सहायक होता है और कथा से संबद्ध अंशों को जोड़ता है।

कथा को कहने के लिए अभिनेता-अभिनेत्री एक प्रधान दृश्य में सामने आते हैं किंतु यह दृश्य कई अन्य छोटे-छोटे दृश्यों में विभाजित होता है और एक छोटे से शॉट से प्रारंभ हो जाता है। शॉट 3 सेकेण्ड का हो सकता है, 10 सेकेण्ड का हो सकता है या फिर एक मिनट तक का भी हो सकता है। शॉट की अवधि का संबंध अभिनेता के कार्य-व्यापार के साथ होता है। अभिनेता की दैहिक गति के साथ ही शब्दों और शॉट में एक लय-ताल कायम हो जाती है। टेलीविजन नाटक के लिए यह बहुत ही महत्त्वपूर्ण है जबकि रंगमंच पर अभिनेता का अभिनय दर्शकों को ध्यान में रखकर उनके सामने प्रत्यक्ष-प्रदर्शन के रूप में होता है। वहाँ अभिनेता को शॉट की सीमाओं में बँधे रहने को बाध्य नहीं होना पड़ता। इसके बावजूद भी अभिनेता ही मंच की तरह टेलीविजन में संप्रेषण का जरिया बनता है। प्रत्येक टेली-नाटक का एक आरंभ, एक मध्य और एक अंत होता है। इसका विकास, सेकेंडों, मिनटों, घंटों तथा हजारों चित्रों (दृश्यांशों) में होता है।

कैमरा की एक योग्यता यह भी है कि उसके द्वारा बाहरी जगत का यथार्थ हूबहू प्रकट होता है और इसकी चित्रण-शक्ति रंगमंच की तुलना में कहीं अधिक है जो टी. वी. और फिल्म को व्यापक बना देता है। टी. वी. पर जब हमारे घरों के कमरे, हमारे घरों के आँगन, दफ्तर इत्यादि में अभिनीत दृश्य दिखाए जाते हैं तो वे स्वाभाविक नज़र आते हैं। जबकि ऐसा रंगमंच पर संभव नहीं और जब फिल्म पर ऐसा स्थल दर्शाया जाता है तो वो वास्तविक से कुछ अलग, बढ़ाया-चढ़ाया लगने लगता है। जब फिल्म के बड़े स्क्रीन पर केवल चेहरे का शॉट दिखाया जाता है तो वह बहुत बड़ा दिखने के साथ ही कभी-कभी विकृत भी हो जाता है। किंतु यही चेहरा जब छोटे स्क्रीन के पूरे पर्दे पर दिखता है तो सामान्य लगता है। यही साधारणता टेलीविजन की शक्ति है। मगर फिर भी टी. वी. नाटक की कुछ सीमाएँ हैं—एक तो यह कि रचना प्रसारण की अवधि के अनुसार पूरी हो, दूसरा यह कि नाटक के अंश अभिनेता-अभिनेत्रियों के लिए अधिक सहज हों। मानवता के सर्वश्रेष्ठ सिद्धांतों का समावेश लिए इन नाटकों में दर्शक को बाँधे रखने की शक्ति हो। यह

दर्शकों की धारणा को धूमिल न बना दे। क्योंकि रंगमंच और फिल्म की तरह यहाँ दर्शक किसी अँधेरी रंगशाला में नहीं बल्कि अपने घर में बैठे जब कोई कृति देख रहा होता है तो वह उस नाटक को वास्तविकता से अभिन्न नहीं मान लेता है। इसीलिए जब लेखक टेलीविजन नाटक की रूपरेखा बना रहे होते हैं तो वे सर्वप्रथम नाटक में दिखाए जाने वाले परिवार का ढाँचा बनाते हैं और तब जाकर चरित्रों का रेखाचित्र रचते हैं जिसमें सभी पात्रों के आपसी संबंधों व उनके विकास के बारे में एक योजना तैयार होती है। इसी ढाँचे के अंतर्गत एक टेलीविजन नाटक रचा जाता है। यथा–

(नौकर डाइनिंग टेबल पर नाश्ता लगा रहा है। दूसरे कमरे से सौरभ आता है। अविनाश को देखकर चौंकता है।)

सौरभ : अरे! अविनाश! क्या हुआ! क्लायंट से मीटिंग पोस्टपोंड!
(वर्षा किचन से आती है। हाथ में नाश्ते की प्लेट है।)

वर्षा : अविनाश भैया तुमसे कम हैं क्या? तुम्हारी तरह फैक्टरी जाए बिना इन्हें भी खाना हजम नहीं होता। मीटिंग पोस्टपोंड कर दी होगी, संडे-वंडे के लिए।

अविनाश : ऐसा कुछ नहीं भाभी! बड़ी मुश्किल से तो क्लायंट ने टाइम दिया है।
(टेलीनाटक, 'ये पत्ते कब हरे होंगे' पटकथा–शैलेन्द्र)

इस प्रकार नाटक की कथा कई दृश्यों में विभाजित होकर इसे कई स्थलों पर खेला जाता है। टेलीविजन के दृश्य तथा सेट की एक विशेषता यह भी है कि यह कैमरे द्वारा कई कोणों से देखा जा सकता है जबकि रंगमंच का सेट केवल एक ही कोण से दिखता है। बहिरंग जगत की यथार्थता को यहाँ स्टूडियो के कृत्रिम परिवेश में उभारा जाता है और साथ ही बाह्य स्थल पर चित्रित दृश्यों के साथ इनमें एक सामंजस्य बिठाया जाना आवश्यक हो जाता है।

जीवन का स्वर दायित्वपूर्ण नाटक के रूप में, ठीक उसी प्रकार प्रस्तुत होता है जिस प्रकार रंगशाला के प्रेक्षक के सम्मुख कोई भी कृति प्रस्तुत होती हो लेकिन यहाँ अभिनेता और दर्शक के बीच के आदान-प्रदान का अभाव रहता है। फिर भी, बिंबों, ध्वनियों और शब्दों के अद्भुत समन्वय द्वारा टेलीविजन पर भावों और अनुभूतियों का संप्रेषण संभव हो जाता है। नाटक में मानवीय प्रेक्षण का सौष्ठव होने के साथ ही ऐसी दृष्टि समाहित होती है जो स्वतः ही वास्तविकता का बोध कराती है।

टेली-ड्रामा, टेलीफिल्म, डॉक्यु-ड्रामा तथा टी.वी. धारावाहिक में साम्य-वैषम्य

फिल्म और रेडियो से जन्मा नया माध्यम टेलीविजन आया तो इसने नए कार्यक्रमों का प्रसारण प्रारंभ किया जिनमें नाटक प्रमुख था। सन् 1960 में बी. बी. सी. टेलीविजन

ने 256 नए नाटक बनाए थे। इसके अतिरिक्त करीब 30 कहानियों व उपन्यासों का रूपांतरण हुआ था। माध्यम के लिए एक नई विधा अपनाई गई थी जिसने रंगमंच के नाटकों जैसी संरचना, पात्रों और गठन का बहिष्कार किया था। नए प्रकार के नए नाटकों के लिए समानांतर दृश्यों वाले नाटकों की रचना हुई। एक लंबे संवाद के स्थान पर एक कल्पनाशील क्लोज-अप अथवा मिड-शॉट दिखाया जाने लगा। नाटककारों ने फिल्म का व्याकरण सीखा और अपने नाटक में प्रस्तुत घटनाओं की प्रक्रिया को स्पष्ट रूप से विजुअलाइज करना प्रारंभ किया। नाटकीय बिंदुओं को, संवाद के बजाय चित्रमय भाषा में प्रस्तुत किया जाने लगा। द्वि-आयामी चित्रों में पात्रों का कार्य-व्यापार कैमरे के अनुसरण से दर्शाया जाने लगा। इस नए प्रकार के नए नाटक में अभिनेता/अभिनेत्री, रंगमंच की तरह, एक स्थान पर खड़े होकर संवाद बोलने के बजाय चलते-फिरते नज़र आने लगे। उनके साथ-साथ न केवल कैमरा बल्कि माइक्रोफोन भी चलता। इस प्रकार की तकनीक में फिल्म के 'मास्टर सीन स्क्रिप्ट' की तरह नया टेलीविजन नाटक लिखा जाने लगा। अतः रंगमंच के लंबी अवधि के नाटकों के बजाय टेलीविजन के छोटी अवधि वाले नाटकों का कॉनटेंट महत्त्वपूर्ण हो गया। ये कसे हुए होते थे। एक दृश्य चरम बिंदु पर आया नहीं कि 'कट' की प्रक्रिया से नए दृश्य पर जाकर नाटक आगे बढ़ने लगता। इस प्रकार के दृश्य-आयोजन ने रचनाओं को नई लय-ताल और रफ्तार प्रदान की। इसी तकनीक पर आधारित बी. बी. सी. टेलीविजन का नाटक 'सैमी' जब 26 मार्च 1958 को प्रसारित हुआ था तो उसे सर्वश्रेष्ठ नाट्य लेखन का पुरस्कार दिया गया था। इसे केन हयूज़ ने लिखा था। नाटक के प्रारंभिक दृश्य इस प्रकार लिखे गए थे–

फेड इन (Fade In)

1. **भीतर; एल्लरमैनस अपार्टमेंट में सैमी का ड्राइंगरूप**–दिन के तीन बजे हैं। धूप खिली हुई है। खिड़की खुली है। मंद-मंद हवा बह रही है। खिड़की के पर्दे झूल रहे हैं। खुली हुई खिड़की से बाहर का शोर सुनाई देता है। दीवान पर कुछ समाचार पत्र बिखरे पड़े हैं। फाइरप्लेस के समीप एक छोटी मेज़ पर सस्ते किस्म का रेडियो रखा है। मध्य में एक और मेज है जिस पर लंबी तार वाला एक फोन है। मेज़ की दाहिनी तरफ लकड़ी की अलमारी रखी है। पास में कुछ खाली बियर की बोतलें रखी हैं। एक खाली गिलास है जिसमें डबलरोटी के टुकड़े पड़े हैं। कुछ रेसिंग फार्म भी पड़े हैं। अग्रभाग में एक आर्मचियर रखी है। कुर्सी पुरानी है मगर अब भी इसकी सुंदरता कायम है।

कट टु (Cut to)

2. **भीतर; सैमी का बेडरूम**–बेडरूम में सैमी दुबका पड़ा है। वह नीचे पहनने वाले कपड़ों में सोया है। बेड के साथ वाली मेज़ पर एक अलार्म-क्लॉक

है। इनफलुएंजा मिक्सचर की एक बोतल है, एक खाली जग, और दवा की गोलियों से भरी एक छोटी शीशी है। अचानक घड़ी का अलार्म बजता है। सैमी करवट बदल लेता है। अलार्म रुक जाता है। सैमी सिरहाने से सिर उठाता है और ऊपर छत की ओर देखने लगता है। कुछ ही देर में उठ खड़ा होता है। शीशी से दवाई की दो गोलियाँ निकालता है। जग में पानी नहीं है इसलिए ड्राइंगरूम की तरफ बढ़ने लगता है।

कट टु (Cut To)

3. **भीतर; ड्राइंगरूम**–सैमी ड्राइंगरूम से गुजरता हुआ रसोईघर की ओर जाता है।

कट टु

4. **भीतर; रसोईघर**–सैमी सिंक के पास पहुँचता है। पानी लेता है और फिर खुद को दर्पण में देखने लगता है। उसके बाद केतली में पानी भरता है। केतली को गैस-चूल्हे पर रखकर बाहर ड्राइंगरूम की तरफ आता है।

कट टु

5. **भीतर; ड्राइंगरूम**–पूरे ड्राइंगरूम में से गुज़रते हुए सैमी रेडियो-सेट के पास आकर रुक जाता है। रेडियो का स्विच ऑन करता है और वापिस बेडरूम में चला जाता है।

कट टु

6. **भीतर; बेडरूम**–सैमी पलंग के पास आकर कपड़े पहनने लगता है और ड्राइंगरूम में रखे रेडियो से आने वाली रेस की कॉमेंट्री सुनता है।

   रेडियो कॉमेंट्रेटर : यहाँ आज निव-मार्केट में दो वर्षों से चले आ रहे इवेंट की शुरुआत होने जा रही है। इस लोकप्रिय मैदान में होने वाली आज की इस रेस के लिए यह बेहतरीन अवसर है। आसमान साफ है और दौड़ने के लिए घोड़े तैयार हैं। कौन जाने किसकी होगी जीत और किसकी होगी हार।

पूरे नाटक में इस प्रकार के कुल 21 दृश्य दिखाए गए थे। 40 मिनटों के इस नाटक में हम एक ऐसे पात्र से मिलते हैं जो अप्रिय है, नीच है, बेईमान है जो शारीरिक और मानसिक रूप से अस्वस्थ है। फिर भी ज्यों-ज्यों कहानी आगे बढ़ती है हमें उससे सहानुभूति होने लगती है। क्योंकि हम उसकी परेशानियों और हालात को समझने लगते हैं। वह क्यों निराश है, हम जान जाते हैं। उसको आशारहित देख दर्शक भी निराश होने लगता है। और जब यह बात खुल जाती है कि सैमी वैसा नहीं है जैसा दिखता है या जैसा हमने सोचा था तो हम मानव-जाति पर विश्वास करने लगते हैं। उस पात्र की एक कहानी द्वारा उसके पूरे जीवन के रहस्य खुल जाते हैं और नाटक समाप्त होते ही हम एक आदमी के अयोग्य हो जाने के कारणों

के बारे में सोचने लगते हैं।

इस प्रकार टेलीनाटक (टेली-ड्रामा) किसी घटना को केंद्र में रखकर पात्रों के माध्यम व शब्द और चित्र के उपयोग से सृजनात्मक लेखन द्वारा विचारों को संप्रेषित करता है। छोटी अवधि में एक बड़ी बात कहता है। मनोरंजन करता हैं और साथ ही अपने युग के विचारों और मूल्यों की अभिव्यक्ति करता है।

प्रारंभ में यह नाटक स्टूडियो में निर्मित होते। दूरदर्शन के शुरुआती दौर, 60 के दशक में हिंदी नाटकों के सेट स्टूडियो में बनते और उन पर से ही नाटक का सीधा प्रसारण होता। परंतु धीरे-धीरे जब स्थल-शूटिंग और वीडियो टेप के संपादन की तकनीक विकसित हुई तो अपार्टमेंट का दृश्य वास्तव के अपार्टमेंट में और ड्राइंगरूम का दृश्य वास्तव के ड्राइंगरूम में अभिनीत होने लगा। स्टार प्लस के 'स्टार बेस्ट सेलर' या जी.टी. वी. के 'रिश्ते' में दिखाई जाने वाली एकल टेलीनाटक जैसी कहानियाँ, स्थल पर जाकर ही निर्मित होती रही हैं। दूरदर्शन से प्रसारित विश्व की सर्वश्रेष्ठ कहानियों की शृंखला भी स्थल-शूटिंग की तकनीक पर आधारित थी।

अतः आलेख, शूटिंग की तकनीक, अभिनय व प्रस्तुतीकरण की कला तथा संपादन के तरीके ने टेलीनाटक का नया ढाँचा विकसित किया जिसमें एक आदि, एक मध्य और एक अंत होता है। देश-विदेश के टेलीविजन नेटवर्कों पर इसी रचना-योजना के तहत असंख्य नाटक लिखे गए, निर्मित हुए और प्रसारित होते रहे हैं।

इसके विपरीत टेलीफिल्मों की संरचना का आधार, लगातार चलते चित्रों की दृश्यात्मकता रही है। श्याम बेनेगल की 'गर्म कोट' तथा सत्यजित राय की 'सद्‌गति' जैसी टेलीफिल्में इसी तर्ज पर बनाई गई हैं। टेलीफिल्म सर्वप्रथम एक मूड स्थापित करती है। फिर धीरे-धीरे पात्र प्रविष्ट होते हैं। उनकी मनोदशा व्यक्त होती है। उनका विकास नज़र आने लगता है और तब फिर उनका संघर्ष प्रारंभ होता है। द्वि-आयामी 'स्पेस' में स्थान, स्थल और समय उभरने लगते हैं। स्थान, स्थल और समय के त्रिकोण में पात्र घटनाओं के क्रम और 'लैप्स ऑफ टाइम' में नज़र आने लगते हैं। टेलीफिल्म में नाटकीय घटनाओं की परिकल्पना इसी आधार पर होती है। एकल नाटक (टेलीनाटक) में कहानी कहने के लिए स्थल सीमित होते हैं जबकि टेलीफिल्म में एक मुक्त स्पेस होती है। टेलीनाटक में फ्लैशबैक होता है मगर टेलीफिल्म में फ्लैश-फॉरवर्ड भी होता है। टेलीनाटक में दृश्यों की संख्या सीमित होती है मगर टेलीफिल्म में इन दृश्यों की संख्या असीमित होती है। टेलीनाटक में 'लैप्स ऑफ टाइम' जरूरी नहीं जबकि टेलीफिल्म में यह महत्त्वपूर्ण हो जाता है।

मार्शल मेक्लुहान के अनुसार उपन्यास का माध्यम आँखें हैं, रेडियो का माध्यम कान और टेलीविजन का माध्यम आँख और कान, दोनों हो जाते हैं। आँख और कान के इस माध्यम के लिए टेलीनाटक और टेलीफिल्में दोनों की शूटिंग प्रक्रिया

एक जैसी होने के बावजूद दोनों के ढाँचे में अंतर है।

विश्व की पहली टेलीफिल्म 'फेम इज़ द नेम ऑफ गेम' का प्रसारण अमरीका में 1966 में हुआ था। उद्देश्य था सिनेमा की बड़ी-बजट की फिल्मों से अलग एक कम लागत वाली फिल्म जो बड़े पर्दे के फार्मूला कथाचित्र से भिन्न हो। जिसमें सिनेमा की चमक-दमक के बजाय एक अच्छी कहानी हो जो किसी अच्छी कृति पर आधारित हो। बहुत बड़े 'फिल्म स्टार' की जगह संवेदनशील अभिनेता/अभिनेत्रियाँ हों। फिल्म आलोचक डेविड बोर्डवेल ने ऐसी फिल्मों को क्लासिकी वर्णनात्मक सिनेमा जैसा माना है।

इन टेलीफिल्मों में कथा के उत्कर्ष तक पहुँचने की छः अवस्थाएँ होतीं। प्रत्येक अवस्था का एक चरम-बिंदु होता। प्रत्येक चरण अपने में संपूर्ण होता तथा कथा को आगे बढ़ाता। आरंभ से अंत तक कथा का परिपूर्ण विकास ऐसी फिल्मों में तब होता है जब कहानी का उत्कर्ष उसकी समाप्ति के साथ संपादित होता है। 16 एम.एम. फिल्म पर बनीं ये टेलीफिल्में लोकप्रिय हुईं और इनमें कला एवं टेलीविजन-तकनीक का संगम देखने को मिला। लेखक व निर्देशक इन फिल्मों की कल्पना करते तो टेलीविजन नेटवर्क इन फिल्मों के लिए धन उपलब्ध कराते।

भारतीय टेलीविजन के लिए बनी टेलीफिल्में भी 16 एम.एम. पर ही तैयार होती रही हैं। चाहे वह 'जेवर का डिब्बा' (दूरदर्शन) हो या अन्य फिल्में। आजकल टेलीफिल्में डिजिटल-वीडियो पर भी बनने लगी हैं मगर लगातार चलते चित्रों की दृश्यात्मकता इनमें बरकरार है।

वृत्तचित्रात्मक नाटक (डॉक्यु-ड्रामा)

दूरदर्शन से 'गोविंद वल्लभ पंत' नाम का वृत्तचित्रात्मक नाटक कुछ वर्ष पहले दिखाया गया है। इसको प्रकाश झा ने निर्देशित किया था। इसमें गोविंद वल्लभ पंत के जीवन, महत्त्वपूर्ण कार्यों आदि पर प्रकाश डाला गया था। परंतु इस शृंखला में गोविंद वल्लभ पंत की किसी पुरानी निवजूरील के इस्तेमाल के बजाय एक अभिनेता (प्रदीप कुकरेजा) को गोविंद वल्लभ पंत बनाया गया था और नाटक के माध्यम से एक राजनीतिज्ञ की जीवनी दर्शकों के सामने प्रस्तुत हुई थी। घटनाओं का चित्रण एक अभिनेता के माध्यम से हुआ था किंतु घटनाएँ वास्तविक थीं।

वृत्तचित्रात्मक नाटक रेडियो के लिए बहुत पहले से बनने प्रारंभ हो गए थे। सन् 1938 में वृत्तचित्रात्मक नाटक के जन्मदाता आर्सन वैल्स ने 'द वार ऑफ वाल्स' में वृत्तचित्र की तकनीक का ऐसा उपयोग किया था कि नाटक की सभी घटनाएँ व पात्र ऐतिहासिक होते हुए भी जीवनमय लगते थे। इसी प्रकार 1947 में बनी एक शृंखला 'यू आर दियर' जब अमरीकी श्रोताओं को सराबोर करने लगी तो इसकी एक नई शृंखला टेलीविजन के लिए निर्मित हुई जिसका प्रदर्शन 1953 में हुआ। उधर

फिल्म पर बने वृत्तचित्र भी लोकप्रिय होते जा रहे थे।

अतः रेडियो और फिल्म से विकसित इस विधा ने घटनाओं की अदृश्य 'फोर्थ वाल' को भेदकर कैमरे के कई कोणों और अभिनेताओं की प्रदर्शन कला द्वारा ऐतिहासिक घटनाओं का वास्तविक चित्रण प्रस्तुत किया। यह अकाल्पनिक नाटक डॉक्यु-ड्रामा कहलाने लगा।

वृत्तचित्र के तत्त्वों पर आधारित इस कलारूप में जीवन और समाज को ध्यान से देखने और पर्यवेक्षण की क्षमता नज़र आने लगी तो इसने कृत्रिम दृश्यों को त्यागकर वास्तविकता को दिखाना प्रारंभ किया। इस प्रकार जो कहानियाँ, जीवनियाँ और घटनाएँ तलाशी गईं वे वास्तविक थीं। सन् 1922 में निर्मित एक मशहूर वृत्तचित्र 'नानूक ऑफ द नार्थ' द्वारा जब मानव को उसके अपने प्राकृतिक वातावरण में देखा गया तो वह सब प्रकट हुआ जो अदृश्य था।

मणि कौल द्वारा सन् 1989 में निर्मित वृत्तचित्र 'सिद्धेश्वरी' का कैमरा जब बनारस की घुमावदार गलियों में से होता हुआ जाता है तो सभी अदृश्य चीजें प्रकट होती हैं। सिद्धेश्वरी के ठुमरी के घुमावों की तरह ही कैमरा उसके घर तक घूमता है। बनारस की वह गलियाँ स्टूडियो में निर्मित कृत्रिम सेट जैसी नहीं थीं और न ही वह घर नकली था। इस वृत्तचित्रात्मक फिल्म में सिद्धेश्वरी देवी की पुरानी फुटेज के साथ ही एक अभिनेत्री द्वारा अभिनीत दृश्य जोड़े गए थे। काल्पनिक को अकाल्पनिक के साथ जोड़कर एक वास्तविक चित्र प्रस्तुत किया गया था।

वृत्तचित्रात्मक नाटकों में न केवल ऐतिहासिक बल्कि सामाजिक विषय भी प्रस्तुत होते रहे हैं। सन् 1966 में बने 'कैथी कम होम' द्वारा बेघर लोगों की समस्या को टेलीविजन के माध्यम से सामने लाया गया था। यह प्रस्तुति इतनी प्रभावपूर्ण थी कि ब्रिटेन की सरकार को बेघर लोगों की समस्या पर गंभीरता से विचार करना पड़ा।

इस विधा में यथार्थता को उत्पन्न करने के लिए प्राचीन पुस्तकों, दस्तावेजों, पुराने चित्रों, पुरानी फुटेज, साक्षात्कारों आदि का भी सहारा लिया जाता है। वस्तुतः वृत्तचित्रों एवं वृत्तचित्रात्मक नाटकों में कई कलाओं व तकनीकों का समावेश है। पत्रकारिता से वास्तविक घटना व तथ्य पर आधारित कहानी की खोज, फिल्म से दृश्यों को प्रदर्शित करने की कला और रेडियो से कॉमेंट्री की तकनीक इसने अपनाई है। यह टेलीनाटक और टेलीफिल्म से भिन्न एक विधा है।

टी. वी. धारावाहिक

आमतौर से धारावाहिकों और सोप-ऑपेरा को एक ही विधा माना जाता है जबकि दोनों में अंतर है। धारावाहिक नाटक निश्चित अंत वाली 13, 26 अथवा 52 किस्तों में दिखाई जाने वाली विस्तीर्ण नाट्यकृति है जबकि सोप-ऑपेरा अनिश्चिततापूर्ण एक ऐसी कृति है जिसका न आदि और न अंत ही निश्चित होता है। दोनों ही विभिन्न

प्रेक्षक वर्गों के लिए बनते हैं। धारावाहिक का मतलब ही है एक संपूर्ण कृति जो किस्तों में प्रकाशित या प्रदर्शित हो।

विश्व का पहला टी. वी. सोप-ऑपेरा 'द फर्स्ट हडरंड थियेटर्स' 1950 में प्रसारित हुआ था। भारत का पहला सोप-ऑपेरा 'हम लोग' 1984 में प्रसारित हुआ था और पहला धारावाहिक 'ऐसा भी होता है' 104 कड़ियों में दर्शाया गया था और सोमवार के दिन प्रसारित होता। यह हास्य धारावाहिक ऑफिस कर्मचारियों की पृष्ठभूमि पर आधारित था। 1966 से 1968 तक प्रसारित हुआ आज विश्व का कोई भी ऐसा टेलीविजन नेटवर्क नहीं जिस पर सोप ऑपेरा न दिखता हो। 'कहानी घर घर' की हो या 'बुनियाद' ये लाखों-करोड़ों दर्शकों का मनोरंजन करते हैं।

अनिश्चितकालीन समय तक चलने वाले अत्यधिक लोकप्रिय धारावाहिक नाटकों को 'सोप-ऑपेरा' का नाम अमरीकी प्रेस ने 1930 में दिया था। 'सोप' इसलिए कि प्रतिदिन चलने वाले 90 प्रतिशत रेडियो नाटक साबुन की कंपनियों द्वारा प्रायोजित होते और 'ऑपेरा' इसलिए कि ये उच्च स्तर के नाटकीय आरूपों के बजाय संगीत प्रभाव और भावात्मक संवादों से भरी घरेलू कहानियाँ होतीं।

एकल नाटक की तुलना में सोप-ऑपेरा का कथानक विस्तृत होता है। इसमें कई उपकथानक होते हैं। ये उपकथानक जटिलताओं को इस हद तक बढ़ाते हैं कि नायक असहाय दिखने लगता है। कथावस्तु, दुष्कर्मों की निंदा करता है और नैतिकता पर बल देता है। कथानक, धीरे-धीरे आगे बढ़ता है और सोप-ऑपेरा उत्कर्ष तक कभी नहीं पहुँचता। जटिलताएँ सामने आती हैं, तनावपूर्ण दृश्य भी आते रहते हैं और जाते रहते हैं।

इनमें जीवन का अतिरंजित रूप प्रस्तुत होता है और संवेदनशील क्षणों की व्याख्या होती है। उत्कर्ष तक न पहुँचने वाली घटनाओं के क्रम द्वारा दर्शक/दर्शिका यह विश्वास करना चाहते हैं कि सब कुछ वैसे ही घट रहा है जैसे वे देखना चाहते हैं।

सोप-ऑपेरा और एकल-नाटक में एक और अंतर यह भी है कि सोप-ऑपेरा में घटनाएँ व कार्य-व्यापार समकालीन होता है जबकि टेलीनाटक में अविच्छिन्नता होती है। एक सोप-ऑपेरा में अभी एक घटना शुरू हुई ही है कि उसी समय दूसरे पात्रों के साथ, उस समय क्या हो रहा है वह भी दिखाया जाता है। कभी-कभी ऐसा भी होता है कि घटना में व्यक्त समस्या का समाधान अभी सोचा ही जा रहा है कि एपिसोड समाप्त होता है और दर्शक को असमंजस में रखा जांता है। एपिसोड संक्रमण बिंदु पर आरंभ होकर एक अनिश्चित समाधान के बिंदु पर समाप्त होता है।

परिवेश एक बार स्थापित हुआ तो कहानी उसी परिवेश के भीतर, प्रतिदिन दिखाए जाने वाले एपिसोड द्वारा, वर्षों तक दिखाई जाती है। और यदि ऐसे में किसी

सोप-ऑपेरा का प्रसारण बंद करना अनिवार्य हो जाए तो लेखक एवं निर्देशक स्वयं एक समस्या के शिकार हो जाते हैं। वे समझ ही नहीं पाते कि पात्रों के परस्पर विरोधी संवाद एवं घटनाओं को कैसे वियोजित करें। अधिकतर सोप-ऑपेरा का प्रधान चरित्र एक आदर्श माँ अथवा आदर्श गृहिणी होती है। एक ऐसी माँ जो बच्चों के मुकाबले ज्यादा बुद्धिमान है, जिसका हृदय इतना विशाल कि अपनी संतति और परिवार को स्नेह देती रहती है तथा बदले में उनसे कोई आशा नहीं रखती। सदा सबकी गलतियों को क्षमा करती है। यही कारण है कि सोप-ऑपेरा में केवल ऐसे विषय आते हैं जो क्षम्य होते हैं। जैसे पति की समस्या, तलाक, शारीरिक हिंसा, बहू का परिवार की इच्छा के विरुद्ध कोई ऐसा कार्य करना जिससे परिवार का यश कम हो, विवाह के पहले की कुछ गलतियाँ आदि।

सोप-ऑपेरा में परिवार को महत्त्वपूर्ण माना जाता है। जो परिवार सदा कठिनाई में दिखाई देते हैं उनके द्वारा दर्शक को यह संदेश दिया जाता है कि परिवार में उठते रहते तूफान के शांत होने तक वे उसका सामना करें। यहाँ चरित्रों की वेश-भूषा भव्य होती है। मंच सज्जा में सामाजिक और आर्थिक दशा की ओर संकेत करने वाली बातों को नजरअंदाज किया जाता है क्योंकि एक अतिरंजित रूप का प्रदर्शन हो रहा होता है। यही कारण है कि इस विधा को आधुनिक युग की लोक कला का भी नाम दिया गया है।

दिन-प्रतिदिन, सप्ताह-दर-सप्ताह, कई-कई वर्षों तक चलने वाले ऐसे भावनात्मक सोप-ऑपेरा को एकल नाटक की श्रेणी में नहीं रखा जा सकता। क्योंकि एकल नाटक जहाँ एक सम्मानपूर्ण स्थान पा चुका है, वहीं सोप को 'मास ड्रामा' यानी बहुत बड़े प्रेक्षक वर्ग के लिए तैयार किया गया नाटक माना गया है। वैसे तो टेली ड्रामा भी 'मास ड्रामा' का ही एक हिस्सा है परंतु गृहिणियों पर केंद्रित नहीं होता और न ही उसमें घरेलू-समस्याओं और भावनात्मक दृश्यों की भरमार होती है। उसमें यथार्थवादी आकांक्षाओं का विस्तार होता है। एक अविच्छिन्न कथा होती है जिसमें बौद्धिक तत्त्वों का समावेश होता है।

संदर्भ

1. हाव टु रीड ए फिल्म, जेमस मोनाको (ऑक्सफर्ड यूनिवर्सिटी प्रेस), 1981, पृ. 398-400।
2. लहरों के राजहंस—मोहन राकेश (पृ. 37)।
3. द टेलीविजन प्लेराइट—डोनाल्ड विलसन (पृ. 10)।

साहित्यिक विधाओं की दृश्य-श्रव्य रूपांतरण कला

कहानियों, उपन्यासों और लघु-कथाओं को दृश्य-श्रव्य माध्यम के लिए निरंतर रूपांतरित किया जा रहा है। जहाँ उपन्यासों को धारावाहिकों में रूपांतरित किया गया है वहीं कहानियों को रेडियो नाटकों व टेलीनाटकों में बदल दिया गया है। ऐसे में यदि किसी उपन्यास को रेडियो अथवा टेलीनाटक में रूपांतरित किया जाता है तो मूल कथ्य को बरकरार रखते हुए अप्रासंगिक घटनाओं और उपकथाओं को निकाल दिया जाता है।

रूपांतरण के कई कारण होते हैं। एक तो यह कि जो रचना एक साहित्यिक विधा के रूप में प्रसिद्धि पा चुकी होती है दर्शक व श्रोता उसे देखने-सुनने के लिए उत्सुक होते हैं। दूसरा यह कि दृश्य-श्रव्य माध्यमों के प्रस्तुतकर्ता एवं निर्देशक सदा ही अच्छी रचनाओं को प्रस्तुत करने के लिए तैयार होते हैं।

कहानी या उपन्यास में जहाँ भूत, वर्तमान और भविष्य की बात होती है वहीं दृश्य-श्रव्य कृति में केवल वर्तमान की ही बात होती है। रूपांतरकार को ऐसे तरीके खोजने पड़ते हैं जिनसे भूत की घटनाएँ वर्तमान में उद्घटित हो सकें। टेलीनाटक या रेडियो नाटक में पूरी कथा एक/आधे घंटे में कहनी होती है। जिस प्रकार एक पाठक पुस्तक को अपनी सुविधा के अनुसार रचना, बार-बार पढ़ सकता है उस प्रकार के पुनः पठन का यहाँ कोई तरीका नहीं। पाठक पात्रों को अपनी कल्पना अवस्था के आधार पर अपने मन में देख लेता है, किंतु एक दर्शक ऐसा नहीं कर सकता। इस कारण रूपांतरित दृश्य और उनकी पुनर्रचना चुनौतीपूर्ण हो जाती है। इसलिए मूल कथा को नाटक के आरूप में ढालना कभी-कभी असंभव-सा लगने लगता है क्योंकि पात्रों और कथानक में जो परिवर्तन आवश्यक होते हैं उनसे कथ्य को बरकरार रखने में बड़ी कठिनाई आती है कि कहीं कथा बिगड़ न जाए। उपन्यास और कहानी वर्णनात्मक होते हैं जबकि नाटक कार्यव्यापार तथा घटनाओं द्वारा ही आगे बढ़ता है। रूपांतरित आलेख में नाटकीयता लाने के लिए पात्रों को नए धरातल पर नए

रूप में प्रस्तुत किया जाता है और आरंभ, मध्य तथा अंत की अवस्थाएँ उत्पन्न की जाती हैं। तीन अंकों वाले इस सिद्धांत के अंतर्गत पात्रों के विचारों में टकराव, उनके संघर्ष, उनके पथ में आने वाली बाधाओं आदि द्वारा पुनः रचना होती है।

प्रथम अवस्था में नायक व मुख्य पात्र प्रकट होते हैं। कथानक का परिचय प्राप्त होता है और पात्रों के संघर्ष की भूमिका बँध जाती है। नायक की समस्या से दर्शक व श्रोता परिचित हो जाते हैं। दूसरी अवस्था में सभी विवाद खुलकर सामने आते हैं और कथा आगे बढ़ती है। तीसरी अवस्था में मुख्य पात्र अपनी मंजिल के करीब नज़र आने लगता है मगर भाग्य या आकस्मिक बाधाएँ समस्या को और भी उलझा देती हैं। चरमोत्कर्ष की ओर बढ़ते हैं तो कई प्रश्न सिर उठाते हैं। क्या नायक समस्या का समाधान ढूँढ़ पाएगा? क्या भाग्य उसका साथ देगा? क्या वह अपना निर्णय बदल लेगा? क्या वह बच जाएगा? क्या वह अपने शत्रुओं पर विजय पा सकेगा? कई प्रश्न श्रोता व दर्शक के मन में होते हैं। किंतु कभी-कभी मूल साहित्यिक कृति में एक अस्पष्ट अंत होता है। इसलिए रूपांतरकार कभी घटनाएँ बदलता है तो कभी नए दृश्य जोड़ देता है और एक सुखांत नाटक प्रस्तुत करता है क्योंकि दर्शक और श्रोता सकारात्मक नाटक ही पसंद करते हैं।

दूरदर्शन के लिए प्रारंभ से ही साहित्यिक कृतियों को रूपांतरित किया जाता रहा है। जैसे 'बंद गली का आखिरी मकान' (मूल कहानी—डॉ. धर्मवीर भारती, रूपांतरण—शैलेंद्र), 'उधार की जिंदगी' (प्रेमचंद की कहानी का रघुवीर सहाय द्वारा रूपांतरण), 'अकेली' (मन्नू भंडारी की कहानी का देवेंद्रराज अंकुर द्वारा रूपांतरण), 'मान-अपमान' (शरत्चंद्र की कहानी का प्रभाकर द्विवेदी द्वारा रूपांतरण), 'मंध्यातंर' (मालती जोशी की कहानी का शैलेंद्र द्वारा रूपांतरण)। इस प्रकार के कितने ही रूपांतरित नाटक दूरदर्शन से प्रसारित हुए हैं। वस्तुतः कालजयी कृतियों के रूपांतरण द्वारा उनकी टेलीविजन के लिए पुनर्व्याख्या हुई है। धारावाहिक, 'तमस', 'नीम का पेड़', 'मिर्जा ग़ालिब' तथा 'कका जी कहन' आदि भी टेलीविजन की पटकथा शैली में रूपांतरित होकर ही प्रस्तुत हुए हैं। कभी-कभी टेलीविजन पर प्रदर्शित ये रूपांतर इतने लोकप्रिय हो जाते हैं कि मूल रचना की पुस्तकें फिर से प्रकाशित होने लगती हैं। 'तमस', 'कका जी कहन' और 'जी मंत्री जी' के साथ ऐसा ही हुआ है। इसी प्रकार अंग्रेजी उपन्यास 'वार एण्ड रिमेम्ब्रेंस' को टेलीविजन के लिए रूपांतरित किया गया तो न केवल इस पुस्तक की बल्कि इस ग्रंथमाला की पहली पुस्तक की भी दस लाख प्रतियाँ बिक गईं।

दृश्य-श्रव्य माध्यम के लिए बनाए जाने वाले धारावाहिकों में से अधिकतर उपन्यासों के रूपांतरों पर आधारित होते हैं। क्योंकि उपन्यास में निश्चित चरित्र होते हैं, आपस में गुँथे उपकथानक होते हैं और अनेक घटनाएँ होती हैं। रूपांतरकार कुछ चरित्रों को केंद्रस्थ कर अनावश्यक पात्रों को हटाता है और परिवर्तित रूप का स्वयं स्रष्टा हो जाता है।

न केवल कहानियों और उपन्यासों के रूपांतर हुए हैं बल्कि रंगमंच नाटकों के भी रूपांतर हुए हैं। विशेष रूप से टेलीविजन के लिए। रंगमंच नाटकों का टेलीविजन के लिए रूपांतरण सुगम माना जाता है। क्योंकि चरित्रों और घटनाओं का क्रम बदलना नहीं पड़ता है। रंगमंच नाटक में एक नाटकीय आकार पहले से ही होता है जिसको टेलीविजन की तकनीक और दृश्यात्मकता के अनुरूप ढालना होता है।

रूपांतरण के इस चुनौतीपूर्ण काम में कई मुश्किलों से दो-चार होना पड़ता है। पहली सीमा यह कि अनेक अर्थों वाली कोई कहानी यहाँ उपयुक्त नहीं रहती। दूसरी सीमा यह कि तीन या चार से अधिक चरित्रों को ठीक से प्रस्तुत नहीं किया जा सकता। तीसरी यह कि लेखन एक निश्चित अवधि के लिए करना होता है। उस अवधि को न घटाया जा सकता है न बढ़ाया जा सकता है, इसलिए कम अवधि में ही गहरी बात कहनी होती है।

दृश्य-श्रव्य माध्यमों के लिए अंतःपरीक्षण वाले नाटक अधिक सफल रहे हैं। दर्शकों और श्रोताओं ने ऐसे आलेखों को पसंद किया है। ऐसी ही कई बातों का ध्यान रखकर एक रूपांतरकार एक कहानी को नाटक में रूपांतरित करता है। उदाहरण के तौर पर यहाँ 'भारतीय शिखर कथा कोश' में प्रकाशित 'हाइवे' तथा उसके रेडियो नाट्य रूपांतर का अवलोकन किया जा सकता है कि कैसे एक वर्णनात्मक कहानी संवादों और दृश्यों में परिवर्तित हुई है–

हाइवे–गौरीशंकर रैणा

कॉलोनी के पार्क में स्वच्छंद खेल रहे बालक-बालिकाओं का कोलाहल तब मंद पड़ा जब एक नई चमचमाती सफेद कार ठीक सामने सड़क पर आके रुकी। गाड़ी रुकते ही शोफर ने फुर्ती से दरवाजा खोला और आदर-भाव से अपने साहब के उतरने की प्रतीक्षा करने लगा। कुछ ही क्षणों में एक तीस-बत्तीस वर्षीय तरुण उसकी कार से उतरा। खिला-खिला चेहरा, उत्साह से भरा आकर्षक व्यक्तित्व और उसके अनुरूप उपयुक्त ढंग की पोशाक। ब्लू डबल-ब्रेस्ट के साथ फ्लॉवर-पेटर्न की टाई। क्या अंदाज! आस-पड़ोस के बच्चों ने एक नजर-भर देखा और फिर से अपने खेल में तल्लीन हो गए।

ड्राइवर ने कार का दरवाज़ा बंद किया और वहीं रुका रहा जबकि उसका अधिपुरुष सामने के क्वार्टर की ओर जाने लगा। लॉन के बीचोंबीच चलते हुए जब वह सामने के सरकारी मकान में कदम रखने ही वाला था, तभी महरी, भारी-सी चिलमची लिए हुए बाहर आई–"कौन? किस से मिलना है साब?"

"बालकृष्ण जी घर में हैं क्या?" तरुण ने पूछा।

पास में टँगी अलगनी पर कपड़े फैलाते हुए महरी अंदर आवाज देने लगी, "ओ बेबी जी! कोई साहब आए हैं।" भीतर से किसी अनुक्रिया के अभाव में महरी

ने गीला लबादा एक तरफ को झटकते हुए कहा, "अंदर में सभी लोग हैं ना। आप जाव ना साहब जी!"

"थैंक्यू।"

चलने को तैयार था कि तभी किसी ने उत्साह से बाहुपाश में जकड़ लिया। देखा तो बालकृष्ण ही था, उसका प्यारा "भाईजान।" पर यह क्या! वह जीवंत चेहरा आज एकदम जर्जर।

"भाईजान, यह क्या? इतने कमजोर? सब ठीक तो है ना?"

"अरे भाई, ऐसे क्यों बदहवास हुए जा रहे हो? बुढ़ापे का पदार्पण है। चलो भीतर चलो।"

"हाँ-हाँ चलिए।"

अधेड़ अवस्था के बालकृष्ण, उसके मौसेरे भाई ने लॉबी में पहुँचते ही उत्साह के साथ परिवार के सदस्यों को बुलाना शुरू किया—"अरे देखो तो कौन आया है?"

आनन-फानन अट्ठारह वर्षीय बेटी 'बेबी', बीस वर्षीय बेटा 'पप्पू' और पत्नी 'शीला' सामने हाज़िर हो गए।

"नमस्कार, रमेश भैया! घर पर सब कैसे हैं?"

"अरे शीला, तुम भी कमाल हो! भला इसे घर की सुध कहाँ? आए दिन तो टूर पर रहता है। कभी सिंगापुर तो कभी तोकियो। क्यों रमेश?"

"हाँ भाईजान, आप ठीक कहते हैं। मगर भाभी, घर के साथ पूरा संपर्क बनाए रखता हूँ। हर दूसरे दिन फोन करता हूँ।"

"अब आप यहीं इनसे बातें करते रहेंगे क्या? चलिए भैया जी, अंदर चलिए।"

ऐसा कहते ही शीला ने बेबी को भी इशारे से रसोई की ओर भेजा। रमेश अपने मौसेरे भाई के साथ उसके सजे-सजाए ड्राइंगरूम में चला आया। वही, बड़ी-सी खिड़कीवाला कमरा, पर कितना बदला-बदला-सा! रमेश इस कमरे में आज कई वर्षों बाद आया था। लालाजी के रहते यहाँ अलग ही रौनक होती थी। खिड़की के पास रखे दीवान पर वह बड़ी शान से बैठे रहते थे। धवल-स्वच्छ कुर्ता-पाजामा पहने, गीता प्रेस की कोई धार्मिक पुस्तक लिए खिड़की से टेक लगाकर बैठे रहना उनकी दिनचर्या का एक हिस्सा था। जीवित होते तो पूरा घर सिर पर उठा लिया होता—रमेश के लिए इलायची और बादामवाला कहवा अब तक क्यों नहीं आया?

"लीजिए अंकल!"

"हूँ....।" रमेश ने देखा कि सामने बेबी पानी का गिलास लिए खड़ी है। ट्रे में से गिलास उठाते हुए जब उसने पूछा कि वह आजकल क्या कर रही है तो बेबी ने मुस्कुराते हुए जवाब दिया, 'बी. कॉम. फाइनल'। तभी पप्पू भी चाय और बिस्कुट आदि लिए भीतर आया।

"तुम चाय पीयो, मैं अभी आया।" यह कहकर भाईजान बरामदे की ओर

जाने लगा। बच्चे भी ट्रे और खाली गिलास लेकर बाहर चले गए। रमेश को अपने मौसेरे भाई का इस प्रकार उठ खड़े होना और फिर चले जाना अटपटा-सा लगा। पर स्वजन का यह आचरण उपेक्षणीय था। रमेश ड्राइंगरूम की दीवारों में न जाने क्या तलाशने लगा—बेबी की बनाई हुई पेंटिंग, कश्मीर से पहले कभी लाई हुई रंगीन कागज और शीशों से सजी काँगड़ी, लालाजी का ऍनूलार्ज किया हुआ फोटो, टी. वी., पप्पू के स्कूल-मैडल, पहलगाँव में शीला और भाईजान का भुट्टे खाते हुए खींचा गया फोटो, पप्पू का इंजीनियरिंग कॉलेज में अपने मित्रों के साथ लिया गया फोटो...।

बच्चों के बड़े होने और समय गुजरने के साथ-साथ कितना परिवर्तन आया है इस ड्राइंगरूम में! एक समय था जब इस कमरे में केवल एक-दो कैलेंडर झूल रहे होते थे और एक कोने में होता था लालाजी का हुक्का। उस हुक्के को लेकर बाप-बेटे में आए दिन हाय-तौबा मची रहती थी। जितना ही भाईजान, लालाजी को तंबाकू पीने से रोकते थे, उतना ही वे ज्यादा पीने लगते; शीला भी उस हुक्के को लेकर दूध का दूध और पानी का पानी करना चाहती थी, मगर दोनों की एक न चलती। तंबाकू की गंध सारे क्वार्टर में सुबह-शाम तैरा करती। यह गंध, लालाजी की मौजूदगी और उसके शासन का आभास कराती। इसका श्रेय लालाजी की पत्नी शोभावती को भी जाता है जो निष्ठापूर्वक अपने पति की सेवा करती और उसकी सुख-सुविधा का ध्यान रखती। इसलिए हुक्का स्टूल पर विराजित रहता और लालाजी दीवान पर। लालाजी के इस कमरे में शोभावती हर रोज शिव के कैलेंडर के सामने बैठ अपने इष्टदेव का आह्वान करती...पर वह आज घर में नजर क्यों नहीं आ रही? हो सकता है मार्किट गई हो! लेकिन बाजार जाने की तो उसकी कभी आदत ही नहीं रही। घर में भी तो नहीं लगती। घर में होती तो व्यग्र हो इस समय, या तो मेरा माथा चूम रही होती या मुझे बहुत बड़ा आदमी बनने की दुआएँ देती।

"अंकल जी, आपने चाय नहीं पी?" सामने बेबी खड़ी थी।

"हूँ..."

"जी आप चाय पी लें, पापा अभी आते ही होंगे।"

"पर वह है कहाँ?"

"दूसरे कमरे में, दादीजी के पास।"

इसके पश्चात् लड़की ने क्या-कुछ कहा, वह सब रमेश ने सुना ही नहीं। बिना विलंब, लॉबी को पार करता हुआ वह सामने के बेडरूम की ओर लपका। बेडरूम में पहुँचते ही उसके पैरों की गति अवरुद्ध हुई। देखा तो उसकी चहेती मौसी निस्पंद, किसी प्राण-रहित पक्षी जैसी रोगशय्या पर पड़ी थी। ग्लूकोस की बोतल स्टैंड से टँग रही थी। शोभावती के जर्जर-जीर्ण अवस्था में पड़े रहते, साफ मालूम हो रहा था कि उसे अब तक कई ड्रिप लग चुके हैं। क्या यह वही मौसी है जो बारामुला के गाँव में सालभर का धान अकेली कूटती थी और थकने का नाम तक नहीं लेती

थी? कड़ाके की ठंड में बर्फीली सड़कों पर मीलों का सफर पैदल तय करती थी। रमेश को लगा कि वह सुन्न होता जा रहा है और पसीने से तर-ब-तर उसकी काया काँपने लगी है।

रमेश की वृत्ति का अनुमान करते हुए भाईजान ने तुरंत कुर्सी दी और उसे बैठने को कहा। अनमना-सा झेंपते हुए रमेश बैठा, मगर शोभावती के चेहरे को एकटक निहारता रहा। उसकी मौसी के माथे पर, आज न तो चंदन का तिलक ही था और न ही गले में लद्दाखी मोतियों की माला। बेसुध-सी पड़ी, वह वृद्धा, काश कुछ बोलती! इसकी कभी न खत्म होने वाली बातें विस्मृति में तो नहीं खो सकतीं–"अरे रमेश, न जाने यूनिवर्सिटी में क्या करता है, जल्दी से पढ़ाई खत्म कर।"

"मेरी अच्छी बाबी-मौसी! तुम यह क्यों नहीं समझती कि कोर्स अपने समय पर ही पूरा होता है और इम्तहान भी किसी कायदे-कानून के तहत होते हैं।"

"वो तो ठीक है। पर देख, लालाजी अभी सर्विस में हैं। कल को वह रिटायर हो गए तो किससे तुम्हारी नौकरी की बात करूँगी? पेंशन पर जाने के बाद भला किसी मुलाजिम की पूछ होती है..."

रमेश ने पास में बैठे अपने मौसेरे भाई से उपचार आदि के बारे में एक भी बात नहीं पूछी। वह भी इसकी मनोदशा से अनभिज्ञ नहीं था। वह जानता था कि रमेश की माँ की असमय मृत्यु के बाद उसकी माँ ने ही रमेश को पाला-पोसा था। वह जानता था कि रमेश की किसी सफलता पर उसकी माँ कैसे उत्साह और उन्माद में झूमने लगती थी, मानो उसकी कोई बरसों की साध पूरी हुई हो। जब रमेश एम.ए. पास करने की खबर लेकर आया था, तब भी ऐसा ही हुआ था। मृदुल नेहा अविराम बरसने लगी थी। लालाजी अपनी पत्नी के स्वभाव और ममत्व की भावना को समझते थे। उन्होंने कुछ ही दिनों में रमेश की नियुक्ति एक ऍक्सपोर्ट-हाउस में करवाई की थी, जबकि उनका अपना बेटा बालकृष्ण अभी भी रोजगार-दफ्तर के चक्कर काट रहा था। अपनी माँ का रमेश के प्रति अनुराग देख बालकृष्ण उन दिनों अपने मौसेरे भाई से ईर्ष्या करता था, क्योंकि माँ की ममता और स्नेह, जो उसे मिलना चाहिए था वह रमेश को नसीब हो रहा था।

रमेश उठ खड़ा हुआ और अपनी मौसी-माँ के सिरहाने जा बैठा। बिस्तर पर पड़ी बेसुध जान के माथे को सहलाने के उद्देश्य से छुआ कि पूरे शरीर में कँपकँपी दौड़ गई। मन और प्राण को झकझोरनेवाला यह कैसा उद्वेग था? उसे बोर्ड-रूम, होटल का कमरा, मौसी-माँ का दुलार और फिर यह खामोश बेडरूम क्षणिक दृश्यों की तरह एक स्थिति से निकाल दूसरी अवस्था में ले जाते रहे। निस्तब्धता के उन क्षणों में रिक्तता का आभास बढ़ने लगा। वह बेचैन होने लगा–इस शहर में आए उसे तीन महीने हो गए थे, पर क्या नब्बे से ज्यादा दिनों की अवधि में पंद्रह मिनट निकाल पाना कठिन था? इन बूढ़ी आँखों ने कितना खोजा होगा? क्या ये आँखें

रमेश को फिर से देख पाएँगी। प्रश्नों का सिलसिला और यह खामोशी! निःशब्द रमेश उठ खड़ा हुआ। हालाँकि उसके माथे पर चिंता की रेखाएँ साफ नजर आ रही थीं, पर वह एकदम से क्यों चलने लगा—यह उसका भाईजान समझ न सका। कुछ पूछे या न पूछे, इसी उधेड़बुन में रमेश के साथ चलते-चलते उसका मौसेरा भाई भी क्वार्टर के दरवाजे तक आ गया। रमेश रुका और उसने जेब से अपना विजिटिंग कार्ड निकाला। उस पर कोई फोन-नंबर लिखने लगा। अब तक बेबी, शीला और पप्पू भी वहाँ आ चुके थे। शीला कुछ कहने लगी। शायद यह कि रमेश को रात के खाने के बाद ही जाने देना चाहिए। लेकिन भाईजान के संकेत ने उसे चुप कराया। रमेश ने अपना फोन-नंबर फिर दोहराया। भाईजान ने कार्ड को सँभालते हुए अपने बटुए में रखा और दोनों गले मिले। दृढ़ता से बड़े भाई ने छोटे का हाथ पकड़ा और कुछ कहे बिना ही सब-कुछ कहते हुए विदा करने लगा। बालकृष्ण के परिवार से रुख्सत होकर रमेश बाहर लॉन की तरफ चल पड़ा।

अँधेरा गहराने लगा था। अब कहीं कोई बच्चा नजर नहीं आ रहा था। रमेश को देखते ही शोफर के बदन में फिर से फुर्ती आई। उसने कार का दरवाजा खोला और अपने साहब की हाजिरी बजाने लगा। रमेश कार के पास आया, लेकिन उसमें बैठा नहीं।

"सर! आपको लेने कब आऊँ?"

"मैं अपने-आप आऊँगा।"

"लेकिन सर, अभी तो आपको कई जगह जाना होगा?"

"अब कहीं नहीं जाना। जाओ, गाड़ी होटल ले जाओ।"

"अच्छा सर!"

ड्राइवर कार ले गया। रमेश ने क्वार्टर को एक बार फिर देखा और आगे बढ़ने लगा। स्ट्रीट-लाइट्स टिमटिमा रही थीं। मौसम में नमी और दूर-दूर तक चुप्पी। खाली सड़क पर रमेश के कदमों की आहट तीव्र होती गई। उसने अपनी टाई की नॉट ढीली की। कमीज़ के ऊपरी दो बटन भी खोल दिए। फुटपाथ पर बैठे किसी भिखारी ने आवाज लगाई। रमेश ने कनखियों से उसे देखा और चलता रहा। कोट का बटन खोला। जेब से रूमाल निकालकर माथे को पोंछने लगा। हवा कुछ तेज बहने लगी? हाथ का रूमाल एक झोंके के साथ किसी झाड़ी में उलझ गया। उस तरफ कोई ध्यान दिए बिना ही रमेश बढ़ता रहा। उसे अपनी प्रतिष्ठा, अपना पद सब बेमानी लग रहा था। बिना किसी लक्ष्य के वह चलता रहा। अब वह बाहर हाइवे पर आ गया था। लंबा-चौड़ा राजमार्ग। बेमकसद मंजिलें। उसने बाएँ देखा न दाएँ, बस अपनी सीध में चलता रहा....न जाने कब तक।

प्रसार भारती
महानिदेशालय आकाशवाणी : नई दिल्ली
केंद्रीय नाटक एकॉश

शृंखला नाटक

हाइवे

मूल कहानी : गौरीशंकर रैणा
रेडियो रूपांतरकार : शैलेंद्र
प्रसारण तिथि : 16.12.2005
प्रारंभिक संगीत

(टेलीफोन की घंटी का इफेक्ट)

रमेश : (दूर से) मधु! जरा फोन सुन लो। मधु!

मधु : (दूर से) मैं कुछ काम कर रही हूँ। तुम ही सुन लो।

रमेश : प्लीज! आइ एम गैंटिग लेट फॉर ऑफिस! प्लीज डियर।

मधु : (पास आकर, हँसकर) और कितने प्लीज लगाओगे? फोन सुन रही हूँ।

रमेश : (अचानक) नहीं, नहीं। तुम रहने दो। मेरे ऑफिस से फोन आया होगा। मैंने अपने एक एक्जीक्यूटिव से ठीक साढ़े आठ बजे फोन करने को कहा था। उसी का फोन होगा। (फोन पर) हैलो! बोलो त्रिलोचन। क्या रिपोर्ट है? ...हाँ....हाँ....कंसाइमेंट चली गई? ...प्रॉब्लम क्या है?...नो, नो। त्रिलोचन, हमें किसी भी तरह डेडलाइन मीट करनी है। आज ये काम हो जाना चाहिए। इज इट क्लियर टू यू? ओ.के.। (फोन रखता है) मधु! ब्रेकफास्ट तैयार है?

मधु : ब्रेकफास्ट टेबल पर रखा-रखा पुराना हो गया। जल्दी आइए नहीं तो फिर से गर्म करना पड़ेगा।

रमेश : बस, आता हूँ।

(फोन की घंटी)

मधु : पहले फोन सुन लो। आई एम श्योर! ये भी तुम्हारे किसी एक्जीक्यूटिव का ही होगा।

रमेश : (फोन पर) हैलो! यस अरविंद। क्या?...जर्मनी वाले बायर की ई-मेल आई?...क्या कहते हैं? नो! वी आर नॉट गोइंग टू एक्सटेंड इ डेट, व्हाटएवर द सरकमस्टासेंज आर! तुम अभी उन्हें ई मेल करो। साफ-साफ बतो दो कि अब हम उन्हें और क्रेडिट नहीं दे सकते।...हाँ,

बिनाजी वाले पेपर्स तैयार हो गए? गुड! भेजने से पहले मुझे एक बार दिखा देना। (फोन रखता है) आओ डार्लिंग, ब्रेकफास्ट करते हैं।

मधु : रमेश, मेरी सलाह मानो। रिसीवर उठाकर एक तरफ रख दो। नहीं तो नाश्ता करने के बजाय फोन ही अटैंड करते रहोगे।

रमेश : गुड आइडिया। ये लो। ये एक तरफ रख दिया रिसीवर। और अब नाश्ता शुरू। (आते हुए) वाह! क्या कट्लेट्स बनाए हैं डार्लिंग।

मधु : (हँसकर) डार्लिंग ने नहीं, छोटू ने बनाए हैं।

(मोबाइल बज उठता है)

मधु : (हँसकर) अब हो गया तुम्हारा ब्रेकफास्ट। ये कॉल भी ऑफिस से ही आई है।

रमेश : (फोन पर) हाँ बोलो नेगी। हूँ...हूँ...नो! टैल देम, आई वॉन्ट बी अवेलेबल नेक्स्ट थ्री डेज। आई एम बिजी अदरवाइज। हाँ? तुम उन्हें नेक्स्ट वीक आने के लिए कह दो। ...ओह यस! दैट सूट्स मी फाइन। और सुनो। पार्टी से जो भी फाइनल हो, मुझे ऑफिस में बता देना। यहाँ फोन करने की जरूरत नहीं है। ओ.के.। (अपने आप से) ये मेरे ऍम्प्लाइज भी!

मधु : सुनो। एक और आइडिया दूँ?

रमेश : यही न कि मोबाइल भी ऑफ कर दूँ?

मधु : नहीं।

रमेश : तो?

मधु : अपना ऑफिस यहाँ घर में शिफ्ट कर लो। आपके जाने का झंझट भी बच जाएगा। (हँसती है)

रमेश : माई डियर वाइफ। मेरी मेहनत और लगन ने ही मुझे एक छोटी-सी पोस्ट से आज सीनियर मैनेजर की पोजीशन पर पहुँचा दिया और अभी मुझे बहुत आगे जाना है।

मधु : तो कंपनी के फ्यूचर एम.डी. को एडवांस में बधाई दे दूँ?

रमेश : अभी नहीं। अभी तुम्हारी दुआ ही काफी है।

(दोनों की हँसी)

मधु : अच्छा, तुम नाश्ता खत्म कर लो। (जाती हुई) मैं छोटू से तुम्हारा बैग और टिफिन गाड़ी में रखवाती हूँ। छोटू!

(पॉज)

रमेश : (पुकार कर) मधु! टेबल पर मेरा वॉलेट पड़ा होगा। ले आना प्लीज।

मधु : (आकर) ये लो वॉलेट।

रमेश : हूँ। ये मेरे मैले कपड़े क्यों ले आई?

मधु : छोटू तुम्हारी ये शर्ट-पैंट धोने ले जा रहा था। अच्छा हुआ, मैंने वक्त पर देख लिया।

रमेश : ओह गॉड! आज तो मेरे कपड़ों का सत्यानाश हो जाता। ये छोटू भी....

मधु : अभी नया-नया आया है न! उसे नहीं मालूम। मैंने उसे समझा दिया है कि साहब के कपड़े बहुत महँगे होते हैं। घर पर नहीं धोए जाते। ड्राइक्लीन होते हैं। सुनो, उन्हें गाड़ी में ही रखवा देती हूँ। आते-जाते ड्राइक्लीनिंग को दे देना।

रमेश : ठीक है। जरा पॉकेट्स चैक कर लेना।

मधु : हूँ। ये एक चिट्ठी पड़ी है तुम्हारी ट्राउजर की जेब में।

रमेश : चिट्ठी? ओह याद आया। ग्रैसी की चिट्ठी आई है जम्मू से।

मधु : ये कब आई?

रमेश : कल आई थी।

मधु : कमाल है। कल से आज तक तुमने चिट्ठी खोली तक नहीं। लिफाफा बंद का बंद पड़ा है।

रमेश : इनफैक्ट, मैं मौसी माँ की चिट्ठी इत्मीनान से पढ़ना चाहता था। लेकिन कल ऑफिस में इतना बिजी रहा कि चिट्ठी का ध्यान तक नहीं रहा। ऐनी वे, अब तुम जल्दी से पढ़कर सुना दो।

मधु : (छेड़ती हुई) पर अभी तो तुम इत्मीनान से पढ़ने की बात कर रहे थे।

रमेश : मजाक मत करो। जल्दी से पढ़ दो प्लीज।

मधु : लो सुनो। (चिट्ठी खोलने की ध्वनि) चिरंजीव रमेश को मौसी माँ का आशीर्वाद। ये चिट्ठी मैं अपनी पोती बेबी से लिखवा रही हूँ। मुझसे तो अब चिट्ठी लिखी नहीं जाती। तुझे पहले भी चिट्ठी भेजी थी। पता नहीं, मिली या नहीं। रमेश बेटा, तुझे देखने को बहुत मन करता है। क्या तुझे कभी हमारी याद नहीं आती? जानती हूँ, तू दफ्तर में बड़ा अफसर है। बहुत काम रहता होगा। फिर भी अपनी और बाल-बच्चों की कुशलता की दो लाइनें लिख देना। कभी दफ्तर के काम से जम्मू आना हो तो हमसे मिलने जरूर आना। तेरी मौसी। (चिट्ठी बंद करके) रमेश, मौसी तुम्हें बहुत याद करती है।

रमेश : (भावुक) मैं भी मौसी माँ को कम याद नहीं करता। उनकी पिछली

चिट्ठी मुझे मिल गई थी। लेकिन मैं चिट्ठी लिखने के बजाय उन्हें फोन करना चाहता था, ताकि कुछ देर उनसे बात कर सकूँ, उनके हाल-चाल पूछ सकूँ।

मधु : फिर? उन्हें फोन किया?

रमेश : दो-एक बार ट्राई किया था। मिला नहीं। लगता है, उनका नंबर बदल गया है। आजकल में फिर फोन करने की कोशिश करूँगा।

मधु : मौसी तुम्हें इतना याद कर रही है। हो सके तो एक बार जम्मू हो आओ....एक दिन के लिए ही सही।

रमेश : इट्स जस्ट नॉट पॉसिबिल मधु! अगले दो महीनें तक हैवी शेड्यूल है। फ्रैंकफर्ट जाना है। फिर न्यूयार्क। शायद जापान भी जाना पड़े। (अचानक) ओह गॉड! जापान से जो बायर आया है, टैन थर्टी पर उसके साथ मीटिंग है। आई हैव टू रशअप। (जाते हुए) ओ.के. डियर। शाम को मिलते हैं।

मधु : बाई! अरे, ये कपड़े यहीं रह गए।

रमेश : (दूर से) फिर सही।

(संगीत। दृश्य परिवर्तन)

बेबी (युवा स्वर) : (फेडिंग इन) दादी, मैंने इधर-उधर रखे सारे फोटोग्राफ्स इकट्ठा करके एक एलबम में लगा दिए। ये देखो।

मौसी : ये तो तूने सचमुच बहुत बड़ा काम कर दिया। मेरे बक्से में भी कुछ फोटुएँ रखी हैं। उन्हें भी लगा देना।

बेबी : हाँ, लाओ दादी।

(बक्स खोलने-बंद करने की ध्वनि)

मौसी : ये ले बेबी। बहुत पुरानी फोटुएँ हैं।

बेबी : दादी, ये सुंदर-सी औरत कौन है, जिसका हाथ पकड़े ये बच्चा खड़ा है?

मौसी : पहचान, कौन है?

बेबी : मैं कैसे पहचानूँगी। मैंने इन्हें देखा थोड़े ही है। (हँसकर) बच्चे ने मुँह कैसा पिचका रखा है जैसे अभी-अभी किसी ने पीटा हो।

मौसी : (हँसकर) पगली, ये तेरा बाप है—बालकिशन।

बेबी : ओह नो! ये पापा हैं?

मौसी : हाँ, और ये मैं हूँ। मैं अपने चचेरे भाई के घर अनंतनाग गई थी। वहाँ किसी बात पर ये बालकिशन जिद करने लगा। मैंने इसकी पिटाई कर दी। भाई ने मिठाई देकर बड़ी मुश्किल से इसे चुप कराया।

ये फोटो भाई ने तभी खींची थी।

बेबी : बेचारे पापा! और ये फोटो किसकी है? शक्ल से तो कुछ-कुछ दादाजी जैसे लग रहे हैं। लेकिन...

मौसी : दादाजी के भाई जैसे नहीं, ये तेरे दादाजी ही हैं।

बेबी : दादाजी हैं? लेकिन दादी, दादाजी तो एकदम गंजे, मेरा मतलब है, दादाजी के सिर पर जो एक भी बाल नहीं था। इनके सिर पर तो इतने घने बाल हैं।

मौसी : (हँसकर) तेरे दादा, हमेशा गंजे थोड़े ही थे। उनके सिर पर तो बालों का जैसे घोंसला बना रहता था। एक बार बहुत बीमार हुए। बस, तब से उनके बाल गिरते ही चले गए।

बेबी : ओह दादी! मैं थोड़ा पहले पैदा हो जाती तो दादाजी का घोंसला भी देख लेती।

(दोनों की हँसी)

बेबी : दादी, भुट्टा खाते इन दोनों लड़कों को मैंने पहचान लिया।

मौसी : अच्छा? बता, कौन-कौन हैं?

बेबी : ये हैं पापा। और ये हैं रमेश अंकल।

मौसी : बिल्कुल ठीक पहचाना। रमेश ने उस साल दसवीं पास की थी। यह फोटो तब की है।

बेबी : दादी, तुमने रमेश अंकल को एक लंबे अरसे से नहीं देखा। पता नहीं, अब उन्हें देखोगी तो पहचान पाओगी या नहीं।

मौसी : क्यों नहीं पहचानूँगी? अपनों की शक्ल कभी भूली जाती है भला? (स्वतः) शांति दीदी के गुजरने के बाद रमेश मेरे पास ही आ गया था। इतने साल यहीं रहा। पढ़ा, लिखा। फिर उसकी नौकरी लग गई, और वो शहर से बाहर चला गया। बहुत अरसे से उसे देखा नहीं, पर आएगा तो उसे दूर से ही पहचान लूँगी।

बेबी : दादी! क्या सोचने लगीं?

मौसी : हाँ?....कुछ नहीं। बेबी, बेटा मेरा एक काम करेगी?

बेबी : हाँ, हाँ दादी, बताओ, क्या काम है?

मौसी : रमेश को एक चिट्ठी लिख दे तो।

बेबी : क्या फायदा दादी? रमेश अंकल जवाब तो देते नहीं।

मौसी : उसे मेरी चिट्ठी मिली ही नहीं होगी। डाक में इधर-उधर हो गई होगी।

बेबी : लेकिन....

मौसी : और वो चिट्ठी तो बहुत पहले भेजी थी। बहुत अरसा हो गया। बेटा, मेरी तरफ से एक चिट्ठी और लिख दे।

बेबी : ठीक है दादी। (कुछ सोचकर), दादी, इस बार उन्हें रजिस्टर्ड लैटर भेजते हैं। वो जरूर मिल जाएगी।

मौसी : (अधीरता से) न बेबी, ना। रजिस्ट्री देखकर वो घबरा जाएगा। मैं उसका स्वभाव जानती हूँ। तू बस सादी चिट्ठी भेज दे। जा, कागज-कलम ले आ। मैं बोलूँगी। तू लिखती जाना।

बेबी : ठीक है। लैटर पैड और पैन तो यहीं मेज पर रखा है। (रुककर) हाँ दादी, बोलो, क्या लिखना है।

मौसी : रमेश बेटा को मौसी का आशीर्वाद।

(संगीत की एक लहर : दृश्य परिवर्तन)

रमेश : (चिट्ठी पढ़ते हुए) रमेश बेटा को मौसी का आशीर्वाद। आशा करती हूँ, तुझे ये चिट्ठी जरूर मिल जाएगी। रमेश, इस चिट्ठी के जवाब में तू खुद ही आ जाना। कब से तुझे नहीं देखा। एक बार आके मिल जा। तुझे देखने को ये बूढ़ी आँखें तरस रही हैं। बहू-बच्चों को मेरा आशीर्वाद देना।

मधु : (फेडिंग इन) रमेश! चाय लो। ये चिट्ठी किसकी आई है?

रमेश : (शुष्क स्वर) मौसी के अलावा और किसकी चिट्ठी हो सकती है।

मधु : तुम्हारा मूड कुछ खराब लग रहा है। मौसी ने क्या कोई सख्त बात लिख दी?

रमेश : नहीं। ऐसा कुछ नहीं लिखा। लेकिन बार-बार एक ही बात दोहराती हैं। तूने चिट्ठी का जवाब नहीं दिया। तुझे देखने को आँखें तरस रही हैं, जैसे भी हो आ के मिल जा। मौसी तो ये समझती हैं, जैसे मैं खाली बैठा हूँ। जैसे मेरे पास एक यही काम रह गया।

मधु : रमेश, तुम सेंटीमेंट्स को समझने की कोशिश करो। तुम इतने साल उनके पास रहे। कहाँ तो वो तुम्हें चौबीसों घंटे देखती थीं, और कहाँ अब तुम्हें देखे हुए, तुमसे बात किए एक अरसा हो गया। उनकी ममता तो तुम्हें पुकारेगी ही। उनकी चिट्ठियों का जवाब नहीं दे सकते तो कम से कम उन्हें एक फोन ही कर लेते। उन्हें संतोष हो जाता।

रमेश : अरे बाबा, तुम्हें बताया तो था, भाईजान का नंबर बदल गया। अब कहीं से नया नंबर मालूम करूँगा। (रुककर) मधु, विश्वास मानो, मौसी से मिलने का मेरा भी मन करता है लेकिन ऑफिस

की मजबूरी आड़े आ जाती है। इस कंपनी में तनख्वाह अच्छी है। प्रमोशंस हैं। दूसरी सुविधाएँ भी हैं। लेकिन छुट्टी की सुविधा नहीं है। कब से प्लान बना रहा हूँ कि तुम्हें और बच्चों को लेकर कहीं बाहर घूमने जाऊँ....साउथ अफ्रीका, यूरोप, या कहीं और। लेकिन सारा प्लान धरा का धरा रह जाता है।

मधु : (हँसकर) रमेश जॉब में एक बात तो अच्छी है। हमें ना सही, पर तुम्हारी कंपनी तुम्हें दुनिया भर की सैर करा देती है। ऑफिशियल टुअर के बहाने ही सही।

रमेश : सैर खाक होती है। यू डोंट नो मधु, ये टुअर बहुत डल और बोरिंग होते हैं। एयरपोर्ट और होटल...इन दो जगहों के अलावा कोई तीसरी जगह देखने को नहीं मिलती। (रुककर) मधु, मैंने तय कर लिया है।

मधु : क्या तय कर लिया?

रमेश : जैसे भी हो, इस बार बच्चों की वैकेशंस में हम सब लोग कहीं विदेश में ही छुट्टियाँ मनाएँगे। दिस इज फाइनल।

मधु : थैंक्यू। (हँसकर) ये भी खूब रही। बात तुम्हारे जम्मू जाकर मौसी से मिलने की हो रही थी और विदेश की सैर का प्रोग्राम हमारा बन गया।

रमेश : (स्वतः) मौसी से मिलने का भी प्रोग्राम है। देखो, कब संभव हो पाता है।

(समय व्यवधान सूचक संगीत)

बालकृष्ण : माँ। उठो, लो दवा खा लो।

मौसी : (हल्का बीमार स्वाद) बालकिशन....बेटा, मैं नहीं खाऊँगी। इतनी गोली मुझसे सटकी नहीं जातीं।

बालकृष्ण : माँ, डॉक्टर ने दवा बदल दी है। लो खा लो।

मौसी : (पानी का घूँट भर कर) डॉक्टर कहता क्या है? मैं कब ठीक होऊँगी?

बालकृष्ण : जल्दी ही ठीक हो जाओगी। बीमारी दूर होने में कुछ टाइम तो लगता ही है।

मौसी : पर मुझे तकलीफ क्या है? डॉक्टर ने कुछ बताया?

बालकृष्ण : (हँसकर) क्या करोगी जान कर? माँ, कोई बड़ी तकलीफ नहीं है। लाओ, तुम्हारा माथा दबा दूँ।

मौसी : रहने दे बेटा। दफ्तर से थका-माँदा आया है। जा, थोड़ा सुस्ता ले। शीला से कह दे तेरे लिए कहवा बना देगी।

बालकृष्ण : शीला बना रही है। कहवा यहीं ले आएगी। कहवा पीता रहूँगा

और तुमसे बातें करता रहूँगा। अरे हाँ माँ, तुम्हें एक खबर सुनाना तो मैं भूल ही गया।

मौसी : कैसी खबर?

बालकृष्ण : अपना रमेश है न, उसकी कंपनी इस शहर में अपना कोई ऑफिस खोल रही है।

मौसी : (उत्साह से) सच्ची?

बालकृष्ण : हाँ माँ।

मौसी : इसका मतलब, अब रमेशा यहीं आ जाएगा?

बालकृष्ण : नहीं माँ। रमेश का दफ्तर तो बैंगलौर में ही रहेगा। लेकिन नए ऑफिस का इंतजाम देखने के लिए रमेश दो-तीन महीने के लिए यहाँ आ रहा है।

मौसी : ये तो बहुत अच्छा होगा। बालकिशन, तुझे ये खबर कहाँ से मिली? रमेशा ने कोई संदेशा भिजवाया?

बालकृष्ण : (स्वतः) रमेश क्यों संदेशा भिजवाएगा? वो तो चिट्ठी का जवाब तक नहीं देता। अपना फोन नंबर भी नहीं दिया कि कभी हम उसके हाल-चाल ही पूछ लेते। माँ आज भी उसके नाम की रट लगाए रहती है और वो है कि...

मौसी : बालकिशन, तूने बताया नहीं। तुझे ये खबर किसने दी?

बालकृष्ण : माँ, वो शांतिवीर है न...लालाजी का बेटा। वो अपने किसी काम से बैंगलौर गया था। कल ही लौटा है। बैंगलौर में उसे रमेश मिला था। वो बता रहा था कि रमेश जल्दी ही आने वाला है।

मौसी : भगवान करे, मेरा रमेशा कल ही आ जाए। बालकिशन, तू उसे चिट्ठी लिख दे कि वो सीधा यहीं आए। इधर-उधर ठहरने की जरूरत नहीं।

बालकृष्ण : (हँसकर) माँ, अब उसे जगह की क्या कमी। इतना बड़ा अफसर है। कंपनी उसके रहने का इंतजाम छोटी-मोटी जगह नहीं, बल्कि किसी बड़े होटल में करेगी।

मौसी : उसे जहाँ सहूलियत हो, ठहरे। बस, एक बार मुझसे मिलने आ जाए।

बालकृष्ण : एक बार नहीं, कई बार आएगा। उसे कौन-सा दूसरे शहर जाना है।

मौसी : बालकिशन!

बालकृष्ण : हाँ माँ।

मौसी : जब रमेशा आ जाएगा तो एक दिन हम सब उसका होटल देखने जाएँगे। मैंने कभी ऐसी बड़ी जगह नहीं देखी। बेटा मुझे ले चलेगा न?

बालकृष्ण : जरूर ले चलूँगा। बस, तुम दवा खाती रहो और जल्दी से ठीक हो जाओ। फिर जहाँ कहोगी, वहाँ ले चलूँगा।

मौसी : जीता रह बेटा।

(संगीत : दृश्य परिवर्तन : हाइवे पर जाती कार का इफेक्ट)

रमेश : शिव कुमार!

ड्राइवर : जी साब....

रमेश : गाड़ी की स्पीड इतनी कम क्यों है? तुम जानते हो, हाइवे से गुजरते हुए मुझे आस-पास देखना पसंद नहीं। स्पीड बढ़ाओ।

ड्राइवर : जी साहब।

(कार और तेज भागने का इफेक्ट)

रमेश : अब ठीक है। (स्वतः) अब किसी चीज की तरफ ध्यान नहीं जाएगा।

(भागती कार का इफेक्ट)

रमेश : यहाँ से दाएँ लो। गली में। बस, यहाँ रोक दो।

(कार रुकने और दरवाजा बंद होने की ध्वनि : पॉज : दरवाजे पर दस्तक)

बालकृष्ण : (माइक से दूर) आते हैं।

(दरवाजा खुलने की ध्वनि)

रमेश : नमस्ते भाईजान।

बालकृष्ण : (स्वागत के भाव से) अरे रमेश! आओ आओ। आओ, बैठो। कैसे हो?

रमेश : आप लोगों की दुआ है भाईजान।

बालकृष्ण : हमें किसी से पता चला था कि तुम ऑफिस के काम से यहाँ आने वाले हो। कब आना हुआ?

रमेश : (अटकता सा) भाईजान, आए हुए तो काफी दिन हो गए। लेकिन कुछ ऐसा बिजी रहा....

बालकृष्ण : मैं तुम्हारी मसरूफियत समझ सकता हूँ। (पुकार कर) अरे शीला, देखो तो, कौन आया है।

रमेश : (कन्सन्ड) भाईजान!...

बालकृष्ण : चुप क्यों हो गए? बोलो। अरे, मेरी तरफ इस तरह क्या देख रहे हो?

रमेश : भाईजान...आप कुछ कमजोर लग रहे हैं। सब ठीक है न?

बालकृष्ण : (हल्की हँसी) परेशान मत हो। ये तो बुढ़ापा दस्तक देने लगा है। और कोई बात नहीं।

शीला : ओ हो। रमेश भैया आए हैं।

रमेश : नमस्कार भाभी।

शीला : नमस्कार। रमेश भैया, आज आप मुद्दत के बाद आए हैं। क्या हमें भूल गए थे?

बालकृष्ण : शीला, तुम भी कमाल हो। उसे पानी-वानी पूछने के बजाय शिकायत करने बैठ गईं।

रमेश : भाईजान, भाभी को कहने दीजिए। मैं इनकी बात का बुरा नहीं मानता।

शीला : (हँसती हुई) रमेश भैया, अब बाकी बाद में कहूँगी। पहले आपके लिए पानी ले आऊँ।

बालकृष्ण : और सुनाओ रमेश! घर में सब कैसे हैं, बच्चे कहाँ पढ़ रहे हैं?

रमेश : भाईजान, दोनों बेटे देहरादून में पढ़ रहे हैं। वहीं होस्टल में रहते हैं। छुट्टियों में हम उन्हें बैंगलौर ले आते हैं। (रुककर) भाईजान, पप्पू, और बेबी नहीं दिखाई दे रहे।

बेबी : (आती हुई) नमस्ते अंकल।

बालकृष्ण : लो, तुम्हारे याद करते ही बेबी हाजिर हो गई। पप्पू चंडीगढ़ में जॉब कर रहा है।

रमेश : हाँ याद आया। पिछली बार जब मैं आया था तो वो इंजीनियरिंग कर रहा था। (स्वतः) मौसी माँ भी कहीं दिखाई नहीं दे रहीं। जरूर मार्केट गई होंगी। मौसी माँ शुरू से ही बहुत एक्टिव रही हैं। आराम करना तो जैसे जानती ही नहीं।...मौसी माँ घर में होतीं तो मुझे देखते ही मेरा माथा चूमने लगतीं और आशीर्वाद की झड़ी लगा देतीं।

शीला : (आकर) रमेश भैया, कहाँ खो गए? ये चाय लीजिए।

रमेश : भाभी, आप तो पानी लेने गई थीं। फिर ये चाय....

शीला : मैंने सोचा, चाय भी लेती जाऊँ। फिर इत्मीनान से बैठकर तुम्हारे हाल-चाल पूछती रहूँगी।

बालकृष्ण : शीला, तुम्हें चाय नहीं, कहवा लाना चाहिए था। भूल गई, ये कहवे का शौकीन है?

रमेश : नहीं भाईजान। अब कहवे का शौक नहीं रहा। चाय ही पीता हूँ।

बालकृष्ण : याद है रमेश, बाबूजी दीवान पर बैठे हुक्का पीते रहते थे। और जैसे ही तुम कॉलेज से आते थे, वे माँ को आवाज लगाते—सुनती हो। रमेश आ गया। जल्दी से इसके लिए इलायची और बादाम वाला कहवा बना लाओ। थोड़ा-सा मेरे लिए भी ले आना।

(सब की हँसी)

रमेश : (हँसता हुआ) हाँ, मुझे याद है। मौसा जब भी मुझे कुर्सी पर बैठे पढ़ता देखते, दीवान से उठकर अपनी कांगड़ी मुझे दे देते। मैं मना करता तो प्यार से डाँट देते थे।

(सब की हँसी)

बालकृष्ण : अच्छा रमेश, तुम चाय पियो। मैं थोड़ी देर में आता हूँ।

शीला : रमेश भैया, यहाँ आये थे तो मधु को भी साथ लेते आते। मिलना हो जाता।

रमेश : ले तो आता, मगर वो होटल में अकेले बैठी-बैठी बोर हो जाती। मैं तो यहाँ उसे कंपनी दे नहीं पाता।

शीला : वाह! वो होटल में क्यों रहती? यहाँ रहती...हमारे साथ।

बालकृष्ण : (पुकारकर) शीला! जरा सुनो।

शीला : आती हूँ। रमेश भैया, तुम बेबी से बातें करो। (जाते हुए) मैं जरा...?

रमेश : (स्वतः) पहले भाईजान एकदम से उठकर चले गए। अब भाभी भी चली गईं। भला ऐसा कौन-सा जरूरी काम आ गया?...ये भी नहीं सोचा कि...मैं इतनी दूर से मिलने आया हूँ। ये लोग क्या सारे मैनर्स भूल गए?...मौसी माँ का इंतजार ना होता तो मैं अब एक मिनट भी यहाँ नहीं रुकता। पता नहीं, वो कब आएँगी।

बेबी : अंकल, चाय और लेंगे?

रमेश : नहीं बेबी। थैंक्यू। बेबी, तुम आजकल क्या कर रही हो?

बेबी : इस साल बी.कॉम फाइनल है।

रमेश : आगे क्या करने का इरादा है?

बेबी : एम.बी.ए. करना चाहती हूँ।

रमेश : आई विश यू गुड लक।

बेबी : थैंक्यू अंकल।

रमेश : ये भाईजान कहाँ चले गए?

बेबी : पापा दूसरे कमरे में हैं। दादी के पास।

रमेश : मौसी के पास?...मैं समझा नहीं।

बेबी : दादी बहुत दिनों से बीमार हैं।

रमेश : (चौंककर) क्या? मौसी बीमार हैं? क्या तकलीफ है उन्हें?

बेबी : दादी को पीलिया हुआ था। ठीक होने लगी थीं कि रिलैप्स हो गया।

रमेश : ओह! मैं मौसी से मिलकर आता हूँ।

(पॉज़)

बालकृष्ण : लो माँ! थोड़ा-सा दलिया और खा लो।

मौसी : (बीमार स्वर) जिद न कर बेटा। मुझसे नहीं खाया जाता।

बालकृष्ण : अच्छा, रहने दो। शीला ये बर्तन ले जाओ।

मौसी : बालकिशन, मेरा तकिया ठीक कर दे। मैं लेटूँगी।

बालकृष्ण : ये लो माँ।

रमेश : (आकर) भाईजान!

बालकृष्ण : आओ रमेश।

रमेश : (स्वतः) मौसी माँ की ये क्या हालत हो गई। चेहरा एकदम पीला! शरीर में जैसे हड्डियाँ ही बाकी रह गईं।....ये वही मौसी माँ हैं, जो बारामुला के गाँव में साल भर का धान अकेली कूट लेती थीं। जो कड़ाके की ठंड में बर्फीली सड़कों पर मीलों पैदल चली जाती थीं। और आज...ये किसी बेजान पक्षी की तरह बिस्तर पर पड़ी है।

बालकृष्ण : रमेश, खड़े क्यों हो? बैठो।

मौसी : बालकिशन, कौन आया है?

रमेश : मौसी, मैं हूँ। रमेश। नमस्ते मौसी।

मौसी : अरे रमेशा! तू आया है! इधर आ बेटा। मैं तो उठ नहीं सकती। तू ही मेरे पास आ। तेरा माथा चूम लूँ। (माथा चूमने की ध्वनि) तू बड़ा आदमी बने और तरक्की करे।...रमेशा, तुझे देखकर कलेजा ठंडा हो गया। बहुत सुख मिला बेटा।

रमेश : मौसी, मैंने कई बार यहाँ आने की कोशिश की, लेकिन...

मौसी : मैं जानती हूँ बेटा, तेरे ऊपर कितनी बड़ी जिम्मेदारी है। और...इतनी दूर से आना क्या आसान बात है! पर बेटा, मैं तुझे बहुत याद करती हूँ। तेरी लाई फिरन और शॉल मैं हरदम अपने पास रखती हूँ। ये देख, मेरे पास पड़ी हैं। ये दोनों चीजें तू अपनी पहली तनख्वाह पर मेरे लिए लाया था। याद है न?

रमेश : हाँ मौसी।

मौसी : और अपने मौसा के लिए रंगीन कागज और शीशों से सजी कांगड़ी लाया था। तेरे मौसा आने जाने वालों को बड़े चाव से वो कांगड़ी

दिखाया करते थे।...और, एक बार तूने हम सबको लालचौक में बहुत बढ़िया खाना खिलाया था। याद है तुझे?

रमेश : (स्वतः) मौसी माँ को आज भी मेरी एक-एक बात याद है। लेकिन मैंने कुछ भी याद नहीं रखा। ये भी भुला दिया कि मौसी ने मेरे लिए कितना कुछ किया। खुद तकलीफ झेलकर मुझे हर तरह की सुविधा दी। पढ़ाया-लिखाया। मैंने तो यह भी याद नहीं रखा कि बारह साल की उम्र में, जब मैं अनाथ हो गया था, तब मौसी माँ ने ही अपनी ममता की छाँव में मुझे सहारा दिया था।

(फ्लैशबैक संगीत)

मौसी : मत रो रमेश बेटा। तेरी माँ नहीं रही। पर मैं हूँ न। बेटा, मैं अब तेरी मौसी नहीं, मौसी माँ हूँ। तेरी मौसी माँ तुझे कभी रोने नहीं देगी। अब तू मेरे पास ही रहेगा। मैं तुझे पढ़ाऊँगी-लिखाऊँगी। लायक बनाऊँगी। अब ये बालकिशन मेरा बड़ा बेटा, और तू मेरा छोटा बेटा।

(संगीत की एक लहर)

बालकृष्ण (किशोर स्वर) : (आते हुए) माँ, ये कैसी बेइंसाफी है। मैंने बाबूजी से स्वेटर लाने को कहा तो बाबूजी ने अगले महीने के लिए टाल दिया। और रमेश के लिए झट से नया कोट खरीद लाए।

मौसी : बालकिशन बेटा, रमेशा के पास कोट नहीं था। बेचारा पुराने स्वेटर में ठिठुरता रहता था।

बालकृष्ण : तो मेरा कोट भी तो पुराना है। मुझे भी उसमें सर्दी लगती है। लेकिन तुम्हें मेरी फिक्र कहाँ। तुम्हें तो जब देखो, रमेश की फिक्र रहती है।

मौसी : (मनाती हुई) गुस्सा मत हो बेटा। अगले महीने तेरे बाबूजी की तनख्वाह मिलते ही तेरे लिए भी नया कोट बनवा देंगे।

(संगीत की एक लहर)

मौसी : अरे रमेशा, न जाने तू यूनिवर्सिटी में क्या करता रहता है। जल्दी से पढ़ाई खत्म कर बेटा।

रमेश : मेरी अच्छी मौसी, तुम ये क्यों नहीं समझतीं कि कोर्स अपने समय पर ही पूरा होता है और इम्तहान भी किसी कायदे के अंदर होते हैं।

मौसी : वो सब तो ठीक है। पर देख, तेरे मौसा अभी सर्विस में हैं। तुझे कहीं न कहीं नौकरी दिला सकते हैं। कल को वो रिटायर हो गए

तो किससे तेरी नौकरी की बात करूँगी?

रमेश : मौसी, अब तुम मेरी चिंता करना छोड़ दो। मैं....

मौसी : बेटा, तेरी नौकरी लग जाए। फिर मुझे कोई चिंता नहीं रहेगी।

(फ्लैशबैक संगीत आउट होता है)

रमेश : (स्वतः) मौसा ने अपने एक परिचित के एक्सपोर्ट हाउस में मुझे जॉब दिलवा दी, जब कि बालकृष्ण भैया उन दिनों रोजगार-दफ्तर के चक्कर काट रहे थे।...मौसी माँ ने अपनी सारी ममता अपने बेटे के बजाय मेरे ऊपर उँड़ेल दी।...जिसके प्यार ने मुझे कभी माँ की कमी महसूस नहीं होने दी; जिसके सहारे आज मैं इस मुकाम तक पहुँचा, क्या मैंने उसके बारे में एक बार भी सोचा? कभी भूले से भी उसकी सुध ली? इन बूढ़ी आँखों ने मुझे कितना खोजा होगा। कितनी बार पुकारा होगा। क्या मेरी अंतरात्मा ने कभी यह आवाज सुनी?...इन नब्बे दिनों में पंद्रह मिनट, सिर्फ पंद्रह मिनट के लिए मौसी माँ के पास बैठकर जैसे अपना कर्तव्य पूरा कर दिया। जैसे इन पंद्रह मिनटों में ही मौसी माँ का सारा ऋण चुका दिया। कितना स्वार्थी हूँ मैं।...(टूटता स्वर) मौसी माँ, तुमने मुझसे कितनी अपेक्षाएँ की होंगी। लेकिन मैं क्या निकला।...हो सके तो इस स्वार्थी, आत्मकेंद्रित रमेश को माफ कर देना।

बालकृष्ण : रमेश!

रमेश : (चौंककर) हाँ?...भाईजान, आपने कुछ कहा?

बालकृष्ण : तुम्हें देर हो रही हो तो..।

रमेश : ...हाँ..भाईजान। कुछ जरूरी काम है। अब चलूँगा।...मौसी शायद सो गईं।

बालकृष्ण : हाँ जगा दूँ?

रमेश : नहीं। सोने दीजिए। भाईजान, ये मेरा...फोन नंबर रख लीजिए।

बालकृष्ण : ठीक है।

रमेश : अच्छा, चलता हूँ। (रुककर, जाते हुए) भाईजान, मैं कल फिर आऊँगा।

(पॉज)

रमेश : (फेडिंग इन) शिव कुमार!

ड्राइवर : जी साब।

रमेश : तुम गाड़ी वापस ले जाओ।

ड्राइवर : जी। साब, आपको लेने कब आऊँ?

रमेश : उसकी जरूरत नहीं। मैं अपने आप आ जाऊँगा। (स्वतः) बहुत दिनों तक हाइवे पर चलता रहा। आज हाइवे छोड़कर आस-पास की सड़क पर चलना चाहता हूँ।

(समापन संगीत : अप एंड स्लोली आउट)

(समापन)

मूल कहानी का अंत अनिश्चित है कि नायक हाइवे पर बिना किसी लक्ष्य के चला जा रहा है, न जाने कब तक। किंतु रेडियो रूपांतर में नायक कहता है—"आज हाइवे छोड़कर आस-पास की सड़क पर चलना चाहता हूँ।" एक सकारात्मक निश्चित अंत।

रूपांतरित नाटक एवं धारावाहिक जब तक प्रेक्षक को उत्साहित करते रहेंगे तब तक प्रदर्शित-प्रसारित होते रहेंगे। जब तक विचारात्मक कृतियाँ प्रस्तुत होती रहेंगी तब तक श्रोता-दर्शक मानवीय अनुभव का परिचय पाता रहेगा।

इलेक्ट्रॉनिक मीडिया द्वारा प्रसारित समाचारों के संकलन, संपादन और प्रस्तुतीकरण की प्रविधि

भारत में रेडियो का पहला समाचार बुलेटिन 19 जनवरी, 1936 को प्रसारित हुआ था। उस समय जो प्रबंधक समाचार प्रस्तुत करने के लिए 'इंडियन स्टेट ब्रॉडकास्टिंग' में नियुक्त हुए थे, उन्हें समाचार संकलन और संपादन का न तो कोई प्रशिक्षण प्राप्त था और न ही कोई अनुभव। रेडियो के 'सेंट्रल न्यूज ऑरगनाइजेशन' (सी.एन.ओ.) की स्थापना सन् 1937 में हुई। दिल्ली में केंद्रीय समाचार कक्ष बनाया गया जो समाचार लेखन का काम करता परंतु 'सी.एन.ओ.' के पास समाचार संकलन की कोई अच्छी व्यवस्था नहीं थी। समाचार कक्ष के अधिकारी एवं संपादक ही विशेष अवसरों की रिपोर्टिंग करते। इसको देखते हुए सन् 1945 में एक रिपोर्टिंग यूनिट स्थापित हुआ तथा रिपोर्टर व सहायक रिपोर्टर नियुक्त हुए। उसी वर्ष ऑल इंडिया रेडियो ने विदेशी संवाददाताओं की भी नियुक्ति की जिन्हें चीन, इंडोनेशिया तथा जापान में तैनात किया गया। आज आकाशवाणी का 'समाचार सेवा प्रभाग' प्रतिदिन 362 समाचार बुलेटिन प्रसारित करता है। ये बुलेटिन दिल्ली तथा 54 क्षेत्रीय समाचार यूनिटों से प्रसारित होते हैं। इसके अतिरिक्त एफ.एम.रेडियो चैनलों से हर घंटे न्यूज हैडलाइन बुलेटिन और विदेश प्रसारण सेवा से भारतीय तथा विदेशी भाषाओं में प्रतिदिन 65 समाचार बुलेटिन प्रसारित होते हैं।

संकलन

प्रसारण की इस प्रक्रिया में समाचार संकलन हुत 'रिपोर्टिंग यूनिट' मुख्य भूमिका निभाता है। यहाँ के संवाददाता तथा रिपोर्टर अनुभवी पत्रकार होते हैं। वे समाचार के स्रोत की जानकारी रखने के साथ ही तथ्यों की परख करते हैं। समाचार की वस्तुनिष्ठता का भी वे ध्यान रखते हैं।

इलेक्ट्रॉनिक माध्यमों पर समाचार हर घंटे प्रसारित होते हैं, इस कारण समाचार संकलन में रफ्तार की जरूरत होती है। समाचार प्राप्त होते ही रिपोर्टर तुरंत अपनी 'स्टोरी' (समाचार) तैयार करते हैं। त्रुटिहीन और स्पष्ट रिपोर्ट में श्रोताओं का ध्यान आकर्षित करने की भी क्षमता होती है। इसके विपरीत समाचार पत्रों के रिपोर्टर अपनी समाचार-स्टोरी तसल्ली से मुद्रण के लिए भेजते हैं। उन्हें जल्दी नहीं होती परंतु इलेक्ट्रॉनिक माध्यमों में रिपोर्टर के पास सदा ही समय का अभाव रहता है। थोड़े ही समय में उसे, सभी तथ्य और आँकड़े एकत्र कर सभी आवश्यक सूचनाओं के साथ अपनी 'कॉपी' प्रसारण हेतु भेजनी होती है। क्योंकि इलेक्ट्रॉनिक माध्यमों में 'ब्रेक्रिंग न्यूज' सबसे पहले प्रसारित करने की होड़ लगी रहती है।

समाचार संकलन के लिए रिपोर्टर जहाँ अपने संपर्क पर निर्भर करता है वहीं घटना-स्थल से प्राप्त सूचनाओं की पड़ताल करता है। वह स्वयं प्रत्यक्षदर्शी होकर घटना का जायजा लेता है। सेमिनार और सम्मेलन में जाकर वह स्वयं उन मुद्दों से तादात्म्य स्थापित करता है जिनका संबंध समाज से होता है। वहाँ पर वह साक्षात्कारों द्वारा भी सूचनाएँ प्राप्त करता है। कभी-कभी साक्षात्कारों द्वारा वे सूचनाएँ प्राप्त होती हैं जो अन्य स्रोतों से उपलब्ध नहीं हो पातीं। रेडियो-रिपोर्टर अपनी 'स्टोरी' (समाचार) को लिखित रूप में प्रस्तुत करने के साथ ही 'वॉइस कास्ट' द्वारा भी पेश करते हैं। यानी वे अपनी लिखित स्टोरी स्वयं पढ़ते हैं, उसमें साक्षात्कारों के अंश आदि भी शामिल करते हैं। 'वॉइस कास्ट' में अक्सर वे समाचार होते हैं जिनका प्रत्यक्षदर्शी रिपोर्टर स्वयं होता है। इस प्रकार जब वे किसी घटना का शब्द-चित्र प्रस्तुत करते हैं तो समाचार की प्रामाणिकता बढ़ने के साथ ही 'स्टोरी' में वैयक्तिक गुण आ जाते हैं।

विशेष अवसरों की रिपोर्टिंग, जैसे संयुक्त राष्ट्र सम्मेलन आदि के लिए विशेष संवाददाता वहीं से रिपोर्टिंग करते हैं। ये संवाददाता अपने विषय के विशेषज्ञ होते हैं। वे सभी बारीकियाँ समझते हैं और अपने भेजे गए 'डिस्पैच' में एक विश्लेषण भी प्रस्तुत करते हैं। इसके अतिरिक्त, विदेशों में रहने वाले संवाददाता लगातार अपनी 'स्टोरीज' केंद्रीय समाचार कक्ष को भेजते रहते हैं। राज्यों की राजधानियों में रहने वाले संवाददाता/रिपोर्टर अपने क्षेत्र के क्षेत्रीय समाचार कक्ष तक खबर पहुँचाने के साथ ही 'केंद्रीय समाचार कक्ष' को समाचार भेजते हैं। जिन जिलों या जिला-मुख्यालयों में रेडियो के अपने संवाददाता नहीं होते वहाँ अंशकालिक संवाददाता काम करते हैं। समाचारों की तात्कालिकता के मद्देनजर ये समाचार अक्सर फोन से भेजे जाते हैं और न्यूजरूम में बैठा स्टेनोग्राफर प्रेषित समाचार को शार्टहैण्ड में लिख लेता है। टंकण के पश्चात संपादक/सहायक संपादक उस 'स्टोरी' को जाँचकर व उसमें त्रुटियाँ निकाल कर प्रस्तुत होने के लिए भेजते हैं। इस प्रकार राजनीतिक सरगर्मियों, आपदाओं, दुर्घटनाओं, हड़तालों, व्यापारिक गतिविधियों, खेलों आदि के समाचार रिपोर्टर/संवाददाता

रिपोर्टिंग यूनिट एवं समाचार कक्ष में भेजते रहते हैं। इसके साथ ही एजेंसियों के समाचार भी न्यूज रूम में चौबीसों घंटे प्राप्त होते रहते हैं।

एजेंसियों द्वारा लिखे हुए समाचार दरअसल मुद्रित माध्यमों को ध्यान में रखकर संकलित होते हैं, परंतु ये एजेंसियाँ ('प्रेस ट्रस्ट ऑफ इंडिया' या 'यू एन आई' आदि) दृश्य-श्रव्य माध्यम के समाचार कक्षों में भी अपनी 'स्टोरीज' भेजती हैं। कुछ राष्ट्रीय एवं अंतर्राष्ट्रीय समाचार एजेंसियाँ जैसे ए.एन.आई, विज न्यूज, रायटर तथा एशिया-विजन केवल दृश्य-श्रव्य माध्यमों के लिए ही काम करती हैं और विभिन्न देशों में घटित घटनाओं पर बनी अपनी रिपोर्ट रेडियो और टेलीविजन केंद्रों में भेजती हैं।

एजेंसियों से प्राप्त समाचारों में एक 'डेट लाइन' और 'बाइ लाइन' होती है। समाचार की तिथि और संवाददाता का नाम। रेडियो में बोले हुए शब्द द्वारा समाचार कहा जाना होता है। इसलिए पुनर्लेखन होता है तथा घटना का स्थान व स्रोत, समाचार-वाचक पढ़ते समय बोल देते हैं। यहाँ तिथि का भी महत्त्व घट जाता है क्योंकि समाचार-हर घंटे प्रसारित होते हैं और घटना से संबंधित नई जानकारी हर बुलेटिन में बदल जाती है। मुद्रित माध्यम में आज प्राप्त समाचार कल के समाचार पत्र में प्रकाशित होते हैं जबकि इलेक्ट्रॉनिक माध्यमों में बुलेटिन के प्रसारित होते समय जो समाचार प्राप्त होते हैं, उन्हें भी बुलेटिन में शामिल किया जाता है। तब समाचार-वाचक, 'अभी-अभी प्राप्त समाचार...' कहकर नए समाचार को पढ़ देता है।

'केंद्रीय समाचार कक्ष' में संपादक, सहायक संपादक एवं संवाददाता समाचार लेखन 'पूल' व्यवस्था के अंतर्गत करते हैं। देश के समाचार 'होम-पूल' में तथा विदेशों से प्राप्त समाचार 'फॉरिन पूल' में संकलित होते हैं। ये दोनों पूल चौबीसों घंटे काम करते हैं। संपादक/संवाददाता, समाचारों को नियमित 'अपडेट' करते हैं। यानी 'प्रातःपूल' में यदि किसी दुर्घटना के समाचार का संकलन हुआ है तो 'सायं-पूल' का संपादक शाम को उसमें नए तथ्य जोड़कर उस समाचार को दोबारा लिख देता है। पूल समाचारों को एक 'स्लग' दिया जाता है। (समाचार का शीर्षक)। दुर्घटना का जो समाचार प्रातः के पूल में प्राप्त हुआ था, लेखक उसका शीर्षक 'प्रातः दुर्घटना' दे सकता है। जब इसी समाचार को शाम का संपादक 'अपडेट' करेगा तो वह नया 'स्लग' देगा 'सायं दुर्घटना'। वह इस समाचार में शाम तक की नई स्थिति और अवस्था शामिल करेगा। पुनर्लेखन की इस प्रक्रिया में भाषा का सरलीकरण भी होता है। समाचार को स्पष्ट और छोटे वाक्यों में लिखा जाता है ताकि श्रोता समाचार को सुनते ही बात समझ जाए। रेडियो, जनसंचार का माध्यम है, अतः समाचारों को शहरों के साथ-साथ दूर के देहातों में भी सुना जाता है। यदि वाक्य सरल हों तो साधारण जन भी समाचार द्वारा दी जा रही सूचना सुगमता से प्राप्त कर लेते हैं। इसलिए

समाचार पत्रों के तत्सम शब्दों के बजाय यहाँ तद्भव शब्दों का अधिक प्रयोग होता है। प्रसारण हेतु लिखे समाचारों में शब्दों के संक्षिप्त रूप के बजाय उनको पूर्ण रूप में लिखा जाता है। विशिष्ट व्यक्तियों के नाम से पहले उनके पद-नाम दिए जाते हैं ताकि श्रोता उन्हें पहचान सकें। अंकों और तिथियों को भी स्पष्ट रूप से व्यक्त किया जाता है। यदि कोई संख्या 3,21,980 है तो उसको 'लगभग तीन लाख बीस हजार' के रूप में प्रसारित किया जाएगा। परंतु यदि चुनाव या मैच के आँकड़े हों तो उन्हें बिल्कुल सही-सही बोला जाएगा जैसे—'119 रन' या 'पार्टी 42 सीटों पर विजयी' आदि। इस प्रकार प्रसारित वाक्यों का रूप मुद्रित से भिन्न हो जाता है। उदाहरण के लिए यदि 20-1-2005 को प्राप्त एक ही समाचार के दो रूपों को देखें तो अंतर स्पष्ट हो जाएगा।

हिंदुस्तान	आकाशवाणी
शुक्रवार, जनवरी 20, 2006 धरम का भविष्य 27 को होगा तय बंगलूर (पेट्र)। कर्नाटक में जनता दल-एस विद्रोहियों के समर्थन वापसी से घुटनों पर आई कांग्रेस-जद (एस) को गुरुवार को उस समय साँस लेने की मोहलत मिल गई, जब राज्यपाल टी.एन. चतुर्वेदी ने मुख्यमंत्री धर्मसिंह को अपना बहुमत सिद्ध करने के लिए एक सप्ताह का समय दिया। विधानसभा में 27 जनवरी को शक्ति परीक्षण होगा।	प्रातःपूल 20-1-2006, कर्नाटक के राज्यपाल श्री टी.एन. चतुर्वेदी ने मुख्यमंत्री श्री धरमसिंह को राज्य विधान-सभा में अपना बहुमत सिद्ध करने के लिए इस महीने की 27 तारीख तक का समय दिया है। बेंगलूर में कल शाम संवाददाता सम्मेलन में उन्होंने कहा कि वे संविधान के अनुसार ही कोई कार्रवाई करेंगे। इस बीच, श्री धरमसिंह ने श्री एच.डी. कुमारस्वामी के नेतृत्व वाले जनता दल सेक्यूलर द्वारा गठबंधन सरकार से समर्थन वापस लेने के कारण उत्पन्न राजनीतिक संकट के बावजूद अपने इस्तीफे की संभावना से इनकार किया है। पूर्व प्रधानमंत्री और जनता दल-एस के अध्यक्ष श्री एच.डी. देवगौड़ा के पुत्र श्री कुमारस्वामी के नेतृत्व में पार्टी के 46 विधायकों ने अपना अलग गुट बना लिया है और कांग्रेस नेतृत्व वाली गठबंधन सरकार से समर्थन वापस लेने की घोषणा की है।

उपरोक्त समाचारों की विषय-वस्तु एक होते हुए भी दोनों के लेखन में अंतर है। एक पढ़े जाने वाले अक्षरों पर आधारित है तो दूसरा सुने जाने वाली भाषा को ध्यान में रखकर लिखा गया है।

'आन लाइन रिपोर्टिंग' द्वारा भी समाचारों का संकलन होता है। इसमें रिपोर्टर दूर-दराज के किसी क्षेत्र में होता है, तो समाचार वाचक स्टूडियो में। जब वाचक वहाँ की किसी घटना की नई जानकारी के बारे में पूछता है तो रिपोर्टर अपनी रिपोर्ट प्रस्तुत करता है जिसका सीधा प्रसारण होता है। समाचार निरंतर संकलित होते हैं, परंतु एक बुलेटिन के रूप में ये समाचार तभी प्रस्तुत हो पाते हैं जब बुलेटिन का संपादक इन्हें एक क्रम में संपादित कर प्रसारित कराता है। यह क्रम समाचारों के महत्त्व को ध्यान में रखकर ही निर्धारित होता है।

संपादन

रेडियो के प्रमुख समाचार-बुलेटिन की अवधि 15 मिनट की होती है और समाचार-संपादक को दिनभर के सभी समाचार इसी अवधि में प्रस्तुत करने होते हैं। समय की सीमा को देखते हुए समाचारों के चयन की प्रक्रिया चुनौतीपूर्ण हो जाती है। किसी भी महत्त्वपूर्ण समाचार को नजरअंदाज नहीं किया जा सकता और साथ ही समय की सीमा का भी पूरा-पूरा ध्यान रखना होता है। इसलिए बुलेटिन का संपादक पूल/रिपोर्टिंग से प्राप्त समाचारों की 'लीड' (आमुख) को छोटा करता है। विस्तार के क्रम को बदलता है, चुस्त करता है। घटना के केवल उन पहलुओं को छूता है जो आवश्यक हों और अंत में उपसंहार की एक-दो पंक्तियाँ जोड़ता है, जैसे—'इस योजना से आवास की समस्या का समाधान तो होगा ही साथ ही निर्माण उद्योग को भी बल मिलेगा।'

पंद्रह मिनट के बुलेटिन में करीब 2000 शब्द समा जाते हैं। मुख्य समाचारों के लिए 100 शब्दों की गुंजाइश रखनी पड़ती है। इसलिए किसी महत्त्वपूर्ण समाचार को केवल 80 से 100 शब्दों में लिखना होता है और कम महत्त्वपूर्ण समाचार 40 से 50 शब्दों तक सीमित हो जाते हैं। फिर भी एक ढाँचे के भीतर ये समाचार प्रस्तुत होते हैं। जैसे—मुख्य समाचार, विस्तार के साथ समाचार, पाँच-पाँच मिनट बाद एक विराम (ब्रेक) तथा बुलेटिन की समाप्ति से पहले मुख्य समाचारों की पुनरावृत्ति। बुलेटिन पंद्रह मिनट का, दस मिनट का या पाँच मिनट का हो, संपादक, समाचारों के महत्त्व और बुलेटिन की प्राथमिकता को ध्यान में रखते हुए 'पूल' में संकलित समाचारों को चुनते हैं। पूल-समाचार कुछ घंटे पूर्व लिखे गए होते हैं। यदि इस बीच कोई नई घटना घट जाती है तो बुलेटिन के संपादक नए तथ्य प्रसारण में शामिल करते हुए समाचारों का पुनर्लेखन करते हैं।

बुलेटिन में प्रयुक्त समाचारों के पुनर्लेखन के पश्चात् संपादक बुलेटिन की 'बंचिंग' करते हैं। समाचारों को ऐसे क्रम में लगाया जाता है कि अत्यंत महत्त्वपूर्ण

समाचार सब से पहले और अन्य समाचार प्रथम विराम से पहले आ जाते हैं। इसी प्रकार अगले पाँच मिनटों तथा अंतिम पाँच मिनटों के समाचारों को प्राथमिकता के आधार पर लगाया जाता है। इस प्रकार विभिन्न विषयों के विभिन्न समाचार, बुलेटिन में शामिल होते हैं। अतः इनमें एक प्रवाह बनाने के लिए एक ही विषय से संबंधित सभी समाचारों को एक साथ प्रस्तुत किया जाता है। इसके साथ ही 'वॉइस कास्ट' का समन्वय सुनिश्चित किया जाता है। क्योंकि 'वॉइस कास्ट' से पहले एक 'लीड इन' लिखा जाता है। जैसे—"इस विषय में और जानकारी के लिए चलते हैं मुंबई जहाँ हमारे संवाददाता अरुण इस समय मौजूद हैं।" 'वॉइस कास्ट' के समाप्त होते ही समाचार-वाचक कह देता है, "यह थे हमारे संवाददाता मुंबई से।" इस प्रकार के समन्वय के लिए संपादक पहले से ही एक अवधि तय करता है ताकि 'वॉइस कास्ट' उपयुक्त जगह पर लिया जा सके। ऐसे 'वॉइस कास्ट' बुलेटिन को जीवंत बनाते हैं।

सभी समाचारों का क्रम निर्धारित करने के पश्चात् संपादक मुख्य समाचार लिख लेते हैं। मुख्य-समाचार, थोड़े शब्दों में अधिक सूचना देते हुए इस प्रकार लिखे जाते हैं कि श्रोता को बुलेटिन में शामिल सभी समाचारों का परिचय प्राप्त हो सके। प्रमुख-समाचार संक्षिप्त (एक-एक पंक्ति के) होते हैं और महत्त्वपूर्ण समाचारों की सूचना देते हैं। पंद्रह मिनट के बुलेटिन के लिए आमतौर से पाँच मुख्य समाचार लिखे जाते हैं। परंतु समाचारों के महत्त्व को देखते हुए कभी-कभी ये छः भी हो सकते हैं।

प्रत्येक बुलेटिन में खेल समाचार तथा मौसम संबंधी जानकारी भी शामिल होती है। इस प्रकार बुलेटिन में राष्ट्रीय, अंतर्राष्ट्रीय और क्षेत्रीय समाचारों की विविधता होती है। बुलेटिन में संसक्ति, लय और रोचकता लाने के लिए संपादक प्रसारण से पहले समाचारों का क्रम फिर से बदलता है। पूर्ण रूप से संतुष्ट होने के बाद ही संपादक बुलेटिन का आलेख समाचार-वाचक को सौंप देता है।

प्रस्तुतीकरण

समाचारों के प्रसारण से पहले बुलेटिन के सभी पृष्ठ समाचार-वाचक के पास आ गए होते हैं और स्टूडियो में जाने से पहले वह इन पृष्ठों को पढ़ चुका होता है। एक प्रकार का पूर्वाभ्यास। पूरा बुलेटिन एक ऐसी भाषा में लिखा होता है जो सुनने और समझने में सरल होती है फिर भी वाचक को शब्दों की स्पष्टता, बलाघात और गति का ख्याल रखना होता है। उसकी आवाज़ में भाव प्रतिध्वनित करने की शक्ति हो। यह इसलिए भी आवश्यक होता है कि श्रोता को सभी उच्चारित शब्द ठीक से समझ में आ सकें। शब्दों की स्पष्टता के साथ-साथ व्यक्तियों और स्थानों के नाम ठीक से पढ़े जा सकें इसलिए संपादक, बुलेटिन में प्रयुक्त नए नामों से वाचक

को पहले ही परिचित कराता है। वैसे भी असामान्य शब्दों का प्रयोग हुआ नहीं होता है मगर किसी नए व्यक्ति के नाम की संभावना तो सदा ही रहती है। ऐसे में वाचक की उच्चारण शैली भी आवश्यक हो जाती है। समाचार-लेखक, समाचार-संपादक तथा समाचार-वाचक समाचारों की त्रुटिपूर्णता और संपूर्णता के लिए उत्तरदायी होते हैं।

लोग समाचार पढ़ते हैं तो पढ़ने की क्रिया में पूरी तरह से भाग लेते हैं। मगर जब वे रेडियो सुनते हैं तो अक्सर बिना किसी विशेष कारण के यूँ ही गाना सुनने के लिए ट्रांजिस्टर चला देते हैं या फिर कार में यात्रा करते समय मनोरंजन के लिए 'एफ.एम.' लगा देते हैं। तब अगर समाचार आ रहा हो और सुनने वाले व्यक्ति के व्यवसाय आदि से जुड़ी कोई महत्त्वपूर्ण बात बताई जा रही हो तो वह समाचार सुन लेता है। कभी-कभी बोलने वाले की आवाज़ भी सुनने वाले को बाँध लेती है। संयोगवश सुनने वाले इन श्रोताओं के साथ ही वे लोग भी समाचार सुनते हैं जो शिक्षित नहीं होते और कुछ लोग तो सूचनाएँ प्राप्त करने के लिए केवल रेडियो पर ही निर्भर रहते हैं। उन्हें अस्पष्ट समाचार या अस्पष्ट शब्द सुनने पड़ें तो वे खीज उठते हैं। इसलिए बाधा-मुक्त संप्रेषण आवश्यक हो जाता है। हमारे देश में मौखिक परंपरा से विचारों और सूचनाओं का, प्राचीन काल से ही, संप्रेषण होता रहा है। हमारे कथा-वाचक, लोक-कलाकार और भगत खेलने वाले सफल संप्रेषक रहे हैं।

किसी लिखित (सृजनात्मक) रचना की तरह ही प्रसारण हेतु तैयार आलेख में सौंदर्य-विषयक वृत्तियों की अवहेलना नहीं होती। जैसे एक ही शब्द की पुनरावृत्ति न होना। एक वाक्य से दूसरे वाक्य तक का सुंदर प्रवाह। एक समाचार से दूसरे समाचार की तरफ बुलेटिन का मनोहरता पूर्ण ढंग से आगे बढ़ना। तथ्यों और घटनाओं का एक विशेष क्रम में प्रस्तुत होना। वाक्य छोटे होते हुए भी उनके साथ लंबे वाक्यों को इस प्रकार गूँथना कि लय-ताल उत्पन्न हो। ऐसे वाक्य और ऐसी भाषा जब प्रभावपूर्ण आवाज़ में प्रस्तुत होती है तो श्रोता में सुनने की इच्छा बढ़ती है। समाचार संपूर्ण रूप से प्रस्तुत होते हैं।

टेलीविजन समाचार

टेलीविजन समाचारों में तथ्य और कथ्य के साथ-साथ दृश्य-आलेख, 'पीस टु कैमरा', 'ग्रेफिक्स', 'लाइव रिपोर्टिंग', 'साउंड बाइट्स', 'पैकेजिंग' और साक्षात्कार शामिल होते हैं। इसलिए टेलीविजन के समाचार-लेखन के लिए व्यक्ति को टेक्नॉलॉजी की जानकारी भी रखनी पड़ती है।

यूँ तो टेलीविजन समाचार लेखन में भी रेडियो की तरह ही पत्रकारिता के मूल सिद्धांतों का अनुसरण होता है मगर चित्रों को प्राथमिकता दी जाती है। घटना

के वर्णन के बजाय घटना का दृश्यात्मक रूप प्रस्तुत होता है। रेडियो में किसी विमान दुर्घटना का केवल वर्णन हो सकता है किंतु टेलीविजन उस पूरी दुर्घटना को प्रत्यक्ष दिखाता है। घटना से प्रभावित लोगों पायलट, अधिकारियों आदि के 'साउंड बाइट्स' (वक्तव्य) दिखाता है और फिर रिपोर्टर स्वयं भी उस घटना का विश्लेषण प्रस्तुत करता है। इस पूरी समाचार-स्टोरी को रिपोर्टर 'पैकेज' करके बुलेटिन में शामिल होने के लिए तैयार करता है। समाचार संपादक/लेखक केवल 'लीड इन' (प्रारंभिक पंक्तियाँ) लिखता है। उन पंक्तियों को स्टूडियो में बैठा समाचार-वाचक पढ़ता है और 'लीड इन' के अंतिम शब्द के साथ ही रिपोर्टर द्वारा तैयार 'विजुअल-रिपोर्ट', वीडियो टेप मशीन से चलाया जाता है। ऐसे 'पैकेजिड' विजुअल-रिपोर्ट के शुरुआती चित्र घटना का स्थल दर्शाते हैं। उसके बाद रिपोर्टर का 'पीस टु कैमरा' होता है यानी वह स्वयं कैमरा पर आकर घटना के बारे में विस्तार से बताता है। तब फिर उन सभी व्यक्तियों के 'साउंड बाइट' (वक्तव्य)/साक्षात्कार दिखाई देते हैं जिनका उस घटना से संबंध होता है। अन्य दृश्य भी दिखाए जाते हैं जिन पर रिपोर्टर का 'वॉइस ओवर' (पार्श्व स्वर) रिकॉर्ड हुआ होता है। रिपोर्ट के अंत में रिपोर्टर का 'पीस टु कैमरा' फिर से आता है। जैसे ही वह पूर्व-निर्मित रिपोर्ट समाप्त होती है, स्टूडियो का समाचार-वाचक दो-तीन वाक्य पढ़कर उस समाचार को खत्म करता है। रिपोर्टर ने जो रिपोर्ट तैयार की होती है उसको बनाने में कैमरामैन, वीडियो-संपादक तथा अन्य तकनीशियनों ने सहयोग दिया होता है। ऐसे चित्रात्मक-रिपोर्ट के बिना टेलीविजन के समाचार बुलेटिन का अस्तित्व ही नहीं। कभी-कभी रिपोर्टर घटना-स्थल से 'लाइव-रिपोर्ट' भी प्रस्तुत करते हैं। यह 'डी.एस.एन.जी' तकनीक से संभव हो पाता है। रिपोर्टर के 'लाइव चित्र' प्रसारण के समय ही स्टूडियो में पहुँचाए जाते हैं और समाचारों में शामिल होते हैं।

लाइव (सजीव) तथा पैकेजिड (पूर्व-निर्मित) रिपोर्टों के लिए समाचार-संपादक पहले से ही एक समय अवधि निश्चित करते हैं तथा समाचार लिखते समय 'पेज टाइम' निर्धारित करते हैं। यानी 'लीड इन' (लिखित समाचार; प्रारंभिक) 'पैकेजिड रिपोर्ट', 'लाइव रिपोर्ट' तथा समाचार की अंतिम पंक्तियों समेत सभी समाचारों की कुल अवधि पृष्ठों पर अंकित होती है। 'पेज टाइम' (पृष्ठ की अवधि) द्वारा पूरी प्रोडक्शन टीम को समाचारों की अवधि, टेप अवधि आदि की पूरी सूचना प्रसारण से पूर्व प्राप्त हो जाती है। इन पृष्ठों पर 'ग्रैफिक्स' के विवरण भी दर्ज होते हैं।

'ग्रैफिक्स' टेलीविजन समाचारों में महत्त्वपूर्ण होते हैं। रेडियो में जब किसी व्यक्ति का नाम पढ़ा जाता है तो नाम से पहले उसका पद-नाम भी बोला जाता है किंतु टेलीविजन पर जो व्यक्ति पर्दे पर आता है उसकी पहचान के लिए उसके नाम की पट्टी उसके चित्रों के साथ दर्शाई जाती है। ये ग्रैफिक्स, कंप्यूटर द्वारा बनाए जाते हैं। जो आँकड़े रेडियो पर केवल पढ़े जाते हैं उन्हें भी यहाँ दर्शाया जाता है।

कंप्यूटर तथा सूचना प्रौद्योगिकी की नई तकनीक से अब एनिमेटिड-ग्रैफिक्स को दिखाना संभव हो गया है। अंतरिक्ष उड़ान आदि के कई दृश्य चित्रकार की कल्पना पर आधारित होते हुए भी इसी तकनीक से बनाए जाते हैं। मौसम की जानकारी के समय बारिश, बादल आदि के दृश्य भी इसी तकनीक से बनते हैं।

रेडियो का समाचार-वाचक स्टूडियो में 'माइक्रॉफोन' के सामने बैठकर समाचार पढ़ता है तो केवल उसकी आवाज़ सुनाई देती है परंतु टेलीविजन का समाचार-वाचक या वाचिका जब स्क्रीन पर आते हैं तो उनका चेहरा भी दिखाई देता है। यदि वे, रेडियो की तरह, लिखे हुए पृष्ठों को बिना दर्शक की ओर देखे पढ़ेंगे तो अटपटा लगेगा इसलिए 'टेली-प्रांपटर' जैसी एक ऐसी इलेक्ट्रॉनिक मशीन को बनाया गया है जिसके द्वारा समाचार को प्रस्तुत करने वाला/वाली सीधे कैमरे में देखते हुए उसके साथ लगे इलेक्ट्रॉनिक-स्क्रीन पर पूरा आलेख पढ़ पाते हैं। इसके बावजूद भी टंकित-आलेख न्यूज एंकर (समाचार-वाचक) की मेज़ पर पड़ा रहता है। समाचारों की इस विजुअल प्रस्तुति में एंकर की वेश-भूषा तथा रूप-सज्जा का भी ध्यान रखा जाता है। साथ ही जो मेज़ एंकर के सामने रखी होती है उस पर समाचार चैनल का 'लोगो' (प्रतीक चिह्न) बना होता है। पृष्ठभूमि में भी एक सेट (अभिकल्पक द्वारा निर्मित) अथवा स्क्रीन आदि होते हैं जो बुलेटिन की पहचान बनाने में सहायक होते हैं। जैसे एन. डी. टी. वी. की 'न्यूज एट नाइन' के समय पृष्ठभूमि में इलेक्ट्रॉनिक तकनीक से उत्पन्न '9' का चिह्न घूमता हुआ नज़र आता है। इसी प्रकार प्रत्येक टेलीविजन चैनल का अपना एक अलग मंच होता है जहाँ से समाचार प्रस्तुत होते हैं। अतः पत्रकारिता से जुड़े व्यक्तियों के अतिरिक्त अभिकल्पक, कैमरामैन, वीडियो-संपादक तथा तकनीशियनों की भी जरूरत होती है। इन सबकी मिली-जुली कोशिशों से ही एक बुलेटिन बनकर तैयार होता है। लेकिन आरंभ, मुख्य समाचार, विस्तार, समापन और भाषा-शैली का ध्यान वैसे ही रखा जाता है जैसे रेडियो बुलेटिन में। फिर भी विजुअल-डाइनैमिक्स इसे एक भिन्न रूप प्रदान करती है।

टेलीविजन के समाचार संकलन हेतु पैकेजिड व लाइव तरीकों के साथ-साथ परम्परागत तरीकों से भी, समाचार कक्ष में, अन्य स्रोतों से समाचार प्राप्त होते हैं। इन स्रोतों में समाचार एजेंसियाँ प्रमुख होती हैं। डब्ल्यू. टी. एन. (वर्ल्ड टी. वी. न्यूज) ए. पी. टी. वी., ए. एन. आई. जैसी समाचार एजेंसियाँ अंतर्राष्ट्रीय एवं राष्ट्रीय घटनाओं की फुटेज (वीडियो) चैनलों को उपलब्ध कराते रहते हैं। टेलीविजन समाचार एजेंसियों के साथ ही अव्यवसायी पत्रकार व स्थानीय कैमरामैन घटनाओं की 'फुटेज' उपलब्ध कराते हैं।

इस प्रकार 'स्पॉट न्यूज' (अचानक प्राप्त समाचार), 'हार्ड न्यूज' (दुर्घटना आदि से संबंधित समाचार), 'बैकग्राउंडर' (गंभीर समाचारों का अव्यक्त घटनाक्रम और पूरी दलील) तथा 'सीरीज़' (एक ही समाचार पर एक से अधिक वीडियो-रिपोर्ट) तथा

'न्यूज फीचर्स' (हल्के समाचार) जैसी विभिन्न 'स्टोरीज' टेलीविजन के एक बुलेटिन में सम्मिलित हो जाती हैं। संकलन, संपादन और प्रस्तुति की यह प्रविधि रेडियो से भिन्न है। यही कारण है कि ऐसे समाचार बुलेटनों को 'न्यूज शो' कहा जाने लगा है। इस प्रकार के 'न्यूज शो' लोकप्रिय हैं और समाचार-दर्शन भी कहलाते हैं। लो बैण्ड, हाई बैण्ड बीटा और अब डिजिटल तकनीक के साथ यह शो अब 'हाइटेक' हो गए हैं तथा आने वाले दिनों में इनका रूप इससे भी अलग होगा।

संचार माध्यमों द्वारा प्रसारित विज्ञापनों की भाषा

टैम मीडिया रिसर्च के 'रेडियो एडेक्स रिपोर्ट' द्वारा उपलब्ध कराए गए विश्लेषणात्मक विवरण के अनुसार वर्ष 2005 में शैंपू, मोबाइल आदि उत्पादों के साथ ही टेलीविजन-चैनलों के कार्यक्रमों का रेडियो से प्रसार बढ़ गया है। शोध में माना गया है कि एफ.एम. रेडियो की पहुँच तेजी से बढ़ने और इसकी विज्ञापन दरें कम होने के कारण कंपनियाँ, रेडियो को विज्ञापन का श्रेष्ठ आधार मानने लगी हैं। वर्ष 2005 में रेडियो को कुल 317 करोड़ रुपए के विज्ञापन मिले थे। आकाशवाणी, दूरदर्शन तथा अन्य माध्यमों व निजी रेडियो और टी. वी. चैनलों पर विज्ञापन हेतु सालाना 13,200 करोड़ रुपए खर्च किए जाते हैं। वर्ष 2002-03 के लिए जहाँ आकाशवाणी ने रु. 132 करोड़ के विज्ञापन प्राप्त किए थे वहीं दूरदर्शन को वर्ष 2001-02 में रुपए 615.12 करोड़ के विज्ञापन मिले थे। निजी टेलीविजन चैनलों तथा निजी एफ.एम. रेडियो स्टेशनों की पूरी अर्थव्यवस्था विज्ञापनों पर टिकी हुई होती है। वस्तुतः इन माध्यमों की अद्भुत प्रसार क्षमता ने ही संचार-माध्यमों के विज्ञापन को विशिष्ट बनाया है। आज रेडियो और टेलीविजन के लिए निर्मित विज्ञापनों की एक अलग तकनीक विकसित है, एक नई विज्ञापन-भाषा प्रचलित है।

विज्ञापन की इस संप्रेषण कला में भले ही उत्पादक का संदेश उपभोक्ता (ग्राहक) के लिए हो मगर उस ऐडवर्टाइजमेंट को अनुपम वाक्यों में गढ़ने वाला व्यक्ति एक लेखक होता है। उसके ही रचे वाक्यों को करोड़ों लोग सुनते हैं। वे शब्द ने केवल बच्चे बल्कि गृहिणियाँ तक बोलने लगती हैं—'पप्पू पास हो गया.. .पप्पू पास हो गया।' विज्ञापन का पूरा ढाँचा ऐसे चंद शब्दों पर टिका होता है। ऐसे विज्ञापनों के लेखकों को लोग जानते नहीं। वे अनजान होते हैं। कहानी, कविता और उपन्यास के लेखकों की तरह उनका नाम पुस्तक आवरण पर छपा नहीं होता है। फिर भी उनके शब्दों को लोग याद रखते हैं, बोलते हैं और गुनगुनाना पसंद करते हैं, क्योंकि उनके वाक्य संवादात्मक भी होते हैं और काव्यात्मक भी—'ले चल

मुझे वहाँ, हो सपनों का देश जहाँ।' विज्ञापन के लेखक (कॉपी राइटर) ऐसी भाषा लिखते हैं जिसे दर्शक आसानी से समझ लेते हैं। इन वाक्यों में ध्यान-आकर्षण की शक्ति होती है। 'लाइफबॉय है जहाँ, तंदुरुस्ती है वहाँ'—यह विज्ञापन पिछले कई दशकों से इसी रूप में प्रस्तुत होता आ रहा है। यह आज से 20 वर्ष पहले भी लोकप्रिय विज्ञापन रहा था और आज भी लोग इससे परिचित हैं। इस विज्ञापन की सफलता इसकी संक्षिप्तता और ध्यान-आकर्षण की शक्ति में है। इसमें गीत की लय है, तुक है, उर्दू भाषा का शब्द तंदुरुस्ती है, उत्पाद का नाम लाइफबॉय है और पूरा संदेश केवल कुछ शब्दों में ही प्रस्तुत होता है। इसकी विविध, मिश्रित-भाषा ही विज्ञापन की भाषा है।

टेलीविजन का दर्शक सप्ताह में करीब 800 विज्ञापन देखता है और रेडियो का श्रोता करीब 200 विज्ञापन सुनता है परंतु वे केवल उन्हीं विज्ञापनों को याद रख पाते हैं जो अनुपम और सरल हों। ऐसी भाषा को लिखना और ऐसे वाक्यों को गढ़ना कोई आसान काम नहीं। 30 सेकेण्ड के एक विज्ञापन में उत्पाद का नाम बताना होता है। उस विज्ञापन/वस्तु के लिए इच्छा जाग्रत करानी होती है। वस्तु की विशेषता बतानी होती है और पूरी कहानी एक दिलचस्प अंदाज में कहनी होती है। इसलिए विज्ञापन के आलेख में कौतूहल, विश्वसनीयता, ध्यान-आकर्षण और स्मरणीय शक्ति जैसे कई गुणों का होना आवश्यक हो जाता है।

जहाँ मुद्रित माध्यम के लिए लिखे जाने वाले विज्ञापनों में शीर्षक, उप-शीर्षक, विज्ञापन-कॉपी, विज्ञापन का ले-आउट महत्त्वपूर्ण होता है वहीं इलेक्ट्रॉनिक माध्यमों के लिए कथ्य आवश्यक हो जाता है। मुद्रित माध्यम में विज्ञापन के शीर्षक और उप-शीर्षक के पश्चात् लेखक उत्पाद के बारे में विस्तार से बताते हुए पाठक की जिज्ञासा बढ़ाते हैं और विज्ञापन की कॉपी लिखते हैं। जैसे—

''डर्ट रिपेलेंट
जो दे अद्‌भुत सफेदी और चमक

सुगंध
जो दे ताज़गी

घड़ी डिटर्जेंट पाउडर

पहले इस्तेमाल करें
फिर विश्वास करें''

इस विज्ञापन में दावा करने वाली शीर्ष पंक्तियाँ हैं—

'डर्ट रिपेलेंट, जो दे अद्‌भुत सफेदी और चमक।' उत्सुकतात्मक उप-शीर्षक—'सुगंध,

जो दे ताज़गी'। विज्ञापन कॉपी तथा उत्पाद—घड़ी डिटर्जेंट पाउडर। अंत में गीतात्मक उपसंहार—पहले इस्तेमाल करें फिर विश्वास करें। इस प्रकार मुद्रित माध्यम के लिए लिखे गए विज्ञापन की कई भागों में कल्पना होती है और इनके संयोजन के पश्चात् ही एक विज्ञापन समग्र रूप में किसी पत्र-पत्रिका में प्रकाशित होता है।

इसके विपरीत प्रसारण हेतु, रेडियो के लिए लिखा गया विज्ञापन गीतात्मक (जिंगल्स), वाचन तथा नाटक के माध्यम से प्रस्तुत होता है। यह पढ़ा नहीं, सुना जाता है। इसमें शब्दों के साथ-साथ ध्वनि-प्रभाव और संगीत का भी प्रयोग होता है। यह कम से कम समय के लिए हो सकता है। दस सेकेण्ड 20 या 30 सेकेण्ड। इसे अशिक्षित, बच्चे, बूढ़े, महिलाएँ आदि सभी सुन सकते हैं जबकि मुद्रित माध्यम के विज्ञापन के लिए समय देकर उसे पढ़ना पड़ता है। रेडियो का विज्ञापन कोई भी कार्य करते समय सुना जा सकता है। कार चलाते समय या यात्रा करते समय सर्वाधिक विज्ञापन सुने जाते हैं।

टेलीविजन दृश्य माध्यम है। इस पर दर्शाये जाने वाले विज्ञापन को कार चलाते समय या चलते-फिरते नहीं देखा जा सकता। इसे ध्यान से देखने की जरूरत होती है। इसलिए इसके दृश्य में ध्यान-आकर्षण की शक्ति का होना आवश्यक हो जाता है। दृश्य-प्रमुख होने के कारण इसमें प्रयुक्त शब्दों का चयन और भी चुनौतीपूर्ण हो जाता है। इसपर भी गीत, वाचन तथा नाटक के माध्यम से विज्ञापन प्रस्तुत होते हैं परंतु दृश्य महत्त्वपूर्ण रहता है। इसीलिए कॉपी-राइटर (लेखक) द्वारा लिखे गए विचार को एक कला-निर्देशक स्टोरी-बोर्ड में परिवर्तित करता है। यानी जो कुछ भी दृश्य में दिखाना हो उसका कागज पर एक रेखाचित्र तैयार होता है। सभी दृश्यों (शॉटों) का क्रम, उनके साथ चलने वाले संवाद, ध्वनि-प्रभाव तथा संगीत के निर्देश स्टोरी-बोर्ड में दिए होते हैं। यही कारण है कि टेलीविजन या फिल्म विज्ञापन के लिए लेखक के साथ-साथ, कला-निर्देशक, निर्देशक, संगीत-निर्देशक, कॉस्टिंग डाइरेक्टर तथा अन्य तकनीशियनों की जरूरत होती है। यदि आलेख में लिखे नाटकीय संवादों को अभिनेता/अभिनेत्री द्वारा कहलवाना हो तो कॉस्टिंग डाइरेक्टर कलाकारों व फिल्म स्टारों का चयन करता है। जैसे—'रीड एण्ड टेलर' के विज्ञापन के लिए अमिताभ बच्चन, 'लक्स' के लिए शाहरुख खान, रानी मुखर्जी आदि। दृश्य माध्यम के लिए निर्मित विज्ञापनों में जब स्टार-अभिनेता प्रकट होते हैं तो वे उत्पाद विश्वसनीय लगने लगते हैं। परंतु इस सबके बावजूद शक्ति उस संवाद में होती है जो अभिनेता द्वारा बोला गया हो। दिसंबर 2005 तक बाज़ार में कैडबरी-चॉकलेट का मार्किट-शेयर 75 प्रतिशत हो गया था जिसका कारण स्मरणीय 'ब्रांड-कम्यूनिकेशन' को बताया जाता है। यानी 75% की ऊँचाई को छूने का श्रेय एक वाक्य को जाता है—'कुछ बात है जिंदगी में।' जब यह विज्ञापन 1994 में दूरदर्शन पर आया था तो धूम मच गई थी। इसमें एक जिंदादिल युवती को क्रिकेट के मैदान में दिखाया जाता है। जब उसका

चहेता खिलाड़ी छक्का लगाता है तो वह चॉकलेट के साथ झूमने-नाचने लगती है। 'कुछ बात है जिंदगी में' के उपसंहार वाली पंक्ति के साथ आए इस विज्ञापन ने न केवल चॉकलेट को लोकप्रिय बनाया बल्कि उस युवती (प्रीती जिण्टा) को भी लोकप्रियता प्रदान की। अब इसी 'ब्रांड' का एक और नया विज्ञापन 'पप्पू पास हो गया' आया है। यह विज्ञापन न केवल वयस्क व्यक्तियों से संबोधित है बल्कि यह भी बताता है कि पास होने के समय रसगुल्ले, बर्फी के बजाय चॉकलेट भी बाँटा जा सकता है। परंतु यह सब बतलाने के लिए सभी दृश्यों और स्टार-कलाकार के साथ ये स्मरणीय शब्द महत्त्वपूर्ण हैं जो कोई भी याद रख सकता है–'पप्पू पास हो गया।' दृश्य तो महत्त्वपूर्ण है ही मगर शब्द की शक्ति अपार है।

आज के युग में बिना विज्ञापन के किसी भी व्यवसाय की कल्पना नहीं की जा सकती है। प्रत्येक उत्पाद का एक उपभोक्ता होता है और वही विज्ञापन का 'टार्गेट आडियंस' (लक्ष्य दर्शक) बनता है। उसी को ध्यान में रखकर विज्ञापन ऐसी भाषा में लिखा जाता है कि वह उसे समझ पाए। 'डाइपर' के विज्ञापन का दर्शक/श्रोता अलग होगा और '555 बीड़ी' का 'टार्गेट-आडियंस' अलग होगा। इस कारण दोनों की भाषा भी भिन्न होगी। डाइपर के जिंगल्स में जहाँ हिंदी-अंग्रेजी के शब्दों की मिश्रित भाषा हिंग्लिश का प्रयोग हुआ है वहीं बीड़ी के विज्ञापन में वर्ग-विशेष की बोली सुनाई पड़ती है। क्योंकि विज्ञापन की भाषा का निर्धारण उपभोक्ता के सामाजिक परिवेश, उसकी संस्कृति और उसके मूल्यों को ध्यान में रखकर ही होता है। टेलीविजन हो या रेडियो, लेखक माध्यम की तकनीक का ज्ञान रखते हुए दर्शक की संस्कृति की जानकारी के साथ ही उसके मनोविज्ञान का भी अध्ययन करता है। तभी वह आकर्षक पंक्तियाँ लिख पाता है। रेडियो का एक विज्ञापन जो संवादात्मक शैली में लिखा गया है मध्यवर्ग को 'टार्गेट-आडियंस' बनाता है–

पुत्री : पापा! यह पेंशन-प्लान क्या है?
पिता : मुझे बताओ, मैं तुम्हारी फीस क्यों भरता हूँ....
पुत्री : ताकि मैं पढ़-लिखकर अपने पैरों पर खड़ी हो सकूँ।
पिता : मैं भी अपने पैरों पर खड़े रहना चाहता हूँ।

(संगीत)

पार्श्व-स्वर : रहिये आत्मनिर्भर जीवन भर
एल.आई.सी. पेंशन प्लान

(संगीत)

इस प्रकार विज्ञापक (उत्पादक) का विचार उपभोक्ता (दर्शक अथवा श्रोता) तक किसी एजेंसी (विज्ञापन संस्थान) द्वारा तैयार किया जाता है और लोगों में उस उत्पाद के लिए कौतूहल पैदा किया जाता है। यानी विशेष प्रकार की इस लेखन कला द्वारा दर्शकों और श्रोताओं को प्रेरित किया जाता है। अतः विज्ञापन द्वारा न

केवल उत्पाद की साख बढ़ाई जाती है बल्कि समाज के विभिन्न वर्गों को अनेक विषयों की जानकारी भी दी जाती है। आजकल कई संदेश जनहित में प्रसारित हो रहे हैं। ऐसी सृजनात्मक रचनाओं में विचार फिल्म अथवा ऑडियो द्वारा उपभोक्ता तक पहुँचाए जाते हैं और एक जनमत तैयार किया जाता है। यथा–

'भविष्य में उसी देश का, सितारा बुलंद होगा
जिसके पास पानी होगा'

इस वाक्य का प्रयोग वीडियो-फिल्म में भी हुआ है और रेडियो पर भी। विज्ञापन-लेखन के विशेषज्ञ लारा रीस और एल रीस मानते हैं कि ऐसे सृजनात्मक लेखन में संदेश की संक्षिप्तता और ब्रैण्ड को रेखांकित करना आवश्यक हो जाता है। वे मानते हैं कि ऐसी लेखन कला और ब्रैण्डिंग के कारण ही लिप्टन चाय विश्व भर में लोकप्रिय हुई और भारत में दार्जिलिंग चाय के लिए भी ऐसी संभावनाएँ हैं। दरकार है एक सृजनात्मक विज्ञापन की। यानी किसी सृजनात्मक कॉपी पर ही कोई जिंगल, संवादात्मक फिल्म अथवा ऑडियो आधारित हो सकता है। ऐसी कॉपी की रचना के लिए विज्ञापन-लेखक को न केवल संक्षिप्तता बल्कि नाटकीयता, भाषागत सरलता, रोचकता और विश्वसनीयता का ख्याल भी रखना होता है। एक ऐसा आलेख लिखना होता है जिसमें कौतूहल, सुझाव और ध्यानाकर्षण की शक्ति हो।

❑❑❑